जंगल की बातें

जंगल की बातें

लेखक एवं फ़ोटोग्राफ़र

रामेश बेदी

राजकमल प्रकाशन
नयी दिल्ली पटना इलाहाबाद कोलकाता

मूल्य : ₹ 350

पहला संस्करण : 2004
पहली आवृत्ति : 2014

प्रकाशक : राजकमल प्रकाशन प्रा. लि.
1-बी, नेताजी सुभाष मार्ग, दरियागंज
नई दिल्ली-110 002

शाखाएँ : अशोक राजपथ, साइंस कॉलेज के सामने, पटना-800 006
पहली मंजिल, दरबारी बिल्डिंग, महात्मा गांधी मार्ग, इलाहाबाद-211 001
36 ए, शेक्सपियर सरणी, कोलकाता-700 017

वेबसाइट : www.rajkamalprakashan.com
ई-मेल : info@rajkamalprakashan.com

आवरण-चित्र : राजेश बेदी

मुद्रक : बी.के. ऑफसेट
नवीन शाहदरा, दिल्ली-110 032

JUNGLE KI BATEN
Wild life stories by Ramesh Bedi

आभार

इस पुस्तक का प्रणयन बेदी फ़िल्म्स के आर्थिक सहयोग से हुआ है। इसके संचालक सर्वश्री नरेश बेदी एवं राजेश बेदी का मैं आभारी हूं।

बेदी शोध संस्थान के स्टाफ़—भूपसिंह व सतनाम सिंह भाटिया (सहायक सम्पादक), दिनेश उप्रेती (प्रूफ़ रीडर), राजकुमार लोहिया (आर्टिस्ट) और संजय कुमार व राकेश मौर्य (कम्प्यूटर ऑपरेटर) ने पुस्तक की प्रेस कॉपी तैयार करने में अथक श्रम किया है। उनके सहयोग के लिए आभार प्रकट करता हूं।

रामेश बेदी

विषय सूची

एक

सिंहों में भाईचारा

गुजरात के गिरवन में सिंहों के एक टोले में भिलिया और उभड़ा दो सगे भाई थे। इनका जन्म 1960-61 में सांड बेड़ा वनखंड में हुआ था। उभड़ा तेज़ मिज़ाज का था और भिलिया शांत स्वभाव का। इस टोले में इनके दो मौसेरे भाई हरदास और गोविन्द भी थे। ये सिंह अब ख़ासे बड़े और ताक़तवर हो गए थे। बड़ी नीलगायों जैसे महाकाय जानवरों का शिकार करते थे। उनसे भरपेट भोजन मिल जाता था।

उभड़ा और भिलिया में अब भी सोलह साल पहले जैसा प्यार था। वे एक साथ रहते थे। मिलजुलकर शिकार करते थे और इकट्ठे खाते थे। 1963 में इनका डेरा सासण हेड क्वार्टर से छह किलोमीटर दूर रामड़ी नेस के नाले में था।

एप्रिल में भिलिया बीमार पड़ गया। उसकी देह सूखती जा रही थी। वह कमज़ोर हो गया था। बहुत कम चलता-फिरता था। करौंदी के घने झुरमुटों के अंदर पड़ा रहता था इसलिए गिर अभयवन के किसी वन-रक्षक को उसकी बीमारी का पता नहीं चला।

एक दिन वह झुरमुट से निकलकर नाले के बाज़ू में लेटा था। गश्त पर निकले भाना वन-रक्षक ने उसे देखा। उसे वह ढीला-ढाला और निर्बल दिखाई दिया। भाना भाई ने उसी दिन दुधाला थाने से फ़ोन पर सासण में अफ़सरों को सूचना दे दी। दुधाला से सासण आठ किलोमीटर दूर था।

कमज़ोरी के कारण भिलिया शिकार करने के लिए जंगल में नहीं जा पाता था। हां, उभड़ा चला जाया करता था। शिकार के दौरे में भी उसका ध्यान भिलिया में रहता था। दौरे से लौटकर जब वह ढूहे के पास पहुंचता था, तब भिलिया आवाज़ करता था, जिसका मतलब होता था कि 'मैं ढूहे के अंदर लेटा हूं।'

उभड़ा अपने भाई के लिए गोश्त का एक बड़ा लोथड़ा ले आया करता था। भिलिया उसे खाने की कोशिश करता था। उभड़ा पास ही बैठा रहता था।

तीस एप्रिल को अभयवन के अफ़सरों ने भिलिया के भोजन के लिए सासण से एक भैंस भेजी। भिलिया उसे मारने के लिए उठा ही नहीं। वह अशक्त था। उभड़े ने उसे मार लिया।

अगले दिन सुबह भिलिया को बकरी दी गई। उसे भी वह मार नहीं पाया। इस बीच विरावल से पशुओं के डौक्टर को बुला लिया गया। बकरी को काटकर उसकी कलेजी निकाली गई। उसमें चीरे देकर दवा का पाउडर भर दिया गया। भिलिया ने इस नरम मांस को खा लिया।

उसके पास सीमेंट की एक कुंडी रख दी गई। इसके अंदर पानी में ग्लूकोज़ घोलकर रख दिया जाता था। इक्कीस दिन तक उसे इसी तरह कलेजी में दवा खिलाते

रहे और ग्लूकोज़ का पानी पिलाते रहे।

बाईसवें दिन एक छोटी बकरी उसे दी गई, जिसे उसने तुरंत मार डाला। भिलिया की शक्ति का अंदाज़ करने के लिए ज़िंदा बकरी दी गई थी। वन रक्षकों ने बकरी उससे छीन ली और उसे चीरकर उसकी कलेजी में दवा भर दी। फिर समूची बकरी उसे दे दी। वह उसे खा गया।

अभयवन के अफ़सरों को डौक्टर की कार्यवाही से संतोष हुआ। वन-रक्षकों के स्नेह-भरे बर्ताव ने भिलिया को वश में कर रखा था।

इसके बाद रोज़ बकरी के गोश्त में दवा भरकर भिलिया को देते रहे। उसके सामने टीन की चादर पर गोश्त रख दिया जाता था। शुरू के दिनों में छोटी बकरी

दी जाती थी। उसमें धीरे-धीरे शक्ति आती गई। उसके खाने की क्षमता बढ़ती गई। बकरी का आकार भी बढ़ाते गए।

कुल मिलाकर इक्कीस बकरियां उसे काटकर खिलाई गईं। इनके गोश्त के साथ उसके अंदर रोगनिवारक और आरोग्यकारी दवाएं भी जाती रहीं। इस उपचार से वह भला-चंगा हो गया। अपने भाई के साथ फिर शिकार के दौरे पर जाने लगा।

दो

शरीफ़ और शान्त भालू : कूदु

दिल्ली में रेमन सर्कस की धूम थी। जंगली जानवरों के करतब देखने के लिए बच्चे बहुत उत्सुक थे। सर्कस में हिमालय का एक काला भालू बढ़िया करतब दिखाया करता था। इसका नाम कूदु था। उम्र तीन साल थी।

अट्ठाईस नवम्बर, 1970 को शनिवार का विशेष शो एक बजे शुरू हुआ। तब कूदु दूध-भात खा रहा था। उसके पिंजरे से कुछ क़दम के फ़ासले पर चारदीवारी पर बैठे हुए बच्चे उसे छेड़ रहे थे, वे उसे पत्थर मार रहे थे। ये बच्चे सर्कस

देखने के लिए चोरी से अन्दर घुसना चाहते थे। उन्हें रोका गया तो वे शरारत करने लगे। गुस्से से कूदु ने लोहे की छड़ों पर इतने ज़ोर से वार किया कि उनमें से चार छड़ें उखड़ गईं। अपने पिंजरे में से वह तम्बुओं की उन क़तारों की तरफ़ दौड़ा, जिनमें सर्कस के खिलाड़ी और उनके परिवार रहते थे। इस समय एक बजकर चालीस मिनट हुए थे।

कूदु ने पहले रुग्मा पर हमला किया। वह मराठा कलाकार सर्कस का जोकर था। उसे बचाने के लिए एक रिटायर्ड चीनी कलाकार ली फ़ाङ्-याङ् अपने टेंट से निकल आया। इसके दो बेटे और बेटी उस समय सर्कस के पंडाल में प्लेट का जादू दिखा रहे थे। कूदु उस पर टूट पड़ा। सहायता के लिए उसका एक रिश्तेदार आ गया। छुड़ाने से पहले कूदु वहां से भागा और उसने एक-के-बाद-एक तीन अन्य लोगों को ज़ख़्मी कर दिया। उनमें से एक उसके पिंजरे की सफ़ाई करने वाला कर्मचारी था।

छियालीस वर्षीय गुरदयाल सिंह पहलवान अपने करतब दिखाने के लिए तैयार हो रहा था। मूल रूप से लायलपुर का रहने वाला था। लायलपुर पाकिस्तान के

पंजाब में एक ख़ूबसूरत शहर है। बंटवारे से पहले यह भारत का अंग था। यहां अधिकतर लम्बे-तगड़े सेहतमन्द मेहनती किसान रहते थे। गुरदयाल सिंह सर्कस में एक हाथी को अपनी छाती पर खड़ा करने का खेल दिखाया करता था।

उसने टेंट के पास भालू को घूमते देखा। उसका तीन साल का बच्चा टीटू बाहर खेल रहा था। उसे उठाने वह बाहर निकला ही था कि भालू ने हमला कर दिया। उसने भालू की गरदन पकड़ ली, परन्तु वह उसके ऊपर लुढ़क गया। उसने

सहायता के लिए पुकारा। कुछ देर तक दोनों गुत्थम-गुत्था होते रहे। उसकी जांघों और भुजाओं को भालू ने काट लिया।

इस बीच पंडाल में बैठे दर्शकों तक भालू के आतंक की ख़बर फैल गई। प्रबन्धक ने माइक पर घोषणा कर दी कि बाहर एक भालू छूट गया है, कोई भी आदमी पंडाल से बाहर न निकले। दर्शकों में से एक लड़की ने घोषणा की परवाह नहीं की और भागकर बाहर चली गई। यह केन्द्र शासित प्रदेश के अंतर्गत कुन्दी गांव की रहने वाली थी। इसका नाम धनमति था और उम्र सोलह साल। यह अपने रिश्तेदारों के साथ सर्कस देखने आई थी। भालू ने उसकी स्कर्ट पकड़ ली, उसे खींच लिया और उसकी पीठ, चेहरे तथा बाज़ुओं को काट लिया। ख़ून से लथपथ धनमति को छोड़कर वह दूसरी ओर भागा।

पुलिसवाले उस पर गोलियां चला रहे थे और वह अपनी जान बचाने के लिए कभी इस टेंट में और कभी दूसरे टेंट में छिप जाता था। इस लुका-छिपी में कई बार पता ही नहीं चलता था कि वह कहां छिपा है। अन्त में एक सिपाही ने उसे घेरे के बाहर तलाश कर लिया और निशाना बना लिया। घायल भालू एक ख़ाली टेंट में घुस गया। पीछा करते हुए सिपाहियों ने .303 राइफ़ल से छह गोलियां और दाग़ीं। अंतिम गोली के साथ कूदु के सिर पर पुलिस के जवानों की लाठियां

बरसने लगीं। भागने के दस मिनट बाद ही एक बजकर पचास मिनट पर वह मार गिराया गया। अपने पिंजरे के पास ही वह पड़ा हुआ था। उसके धूल-धूसरित बालों पर घास के तिनके चिपके हुए थे। पिंजरे में उबले हुए चावल की ढेरी पड़ी थी, जिसे उसने खाते-खाते छोड़ दिया था।

सारी घटना से दुखी और चोट खाए-से उसके प्रशिक्षक केशवन उसके पास खड़े थे। ये दयालु प्रशिक्षक चौवन वर्ष से सर्कस में काम कर रहे थे। इनका कहना

था कि कूदु शरीफ़ और शान्त प्राणी था। इससे पहले उसे कभी गुस्सा नहीं आया था। तीन वर्ष पहले उसे कश्मीर से लाया गया था। तब वह बच्चा था। जब कूदु भागा तब केशवन का सिखाया हुआ एक शेर सर्कस में साइकिल चला रहा था। इसी खेल को अगले शो में कूदु को करना था।

दर्शकों में उस समय भगदड़ मच गई थी। पुलिस के जाने से पहले अधिकतर दर्शक अपनी सीटें छोड़कर बाहर निकलने के दरवाज़ों की ओर भाग रहे थे। बहुत से दर्शक तथा राहगीर सुरक्षित स्थानों पर खड़े होकर इस असाधारण घटना को देख रहे थे। लगभग आधे घंटे के व्यवधान के बाद शो फिर चालू हो गया। कलाकार रुपहली पोशाकें पहन रहे थे। टिकट बेचने की खिड़कियों पर लम्बी क़तारें खड़ी थीं। सब कुछ ऐसे चल रहा था मानो कुछ हुआ ही न हो।

छहों घायलों को इरविन अस्पताल में पहुंचा दिया गया। धनमति बेहोश पड़ी थी। ली फ़ाङ् का चेहरा ख़ून से सना हुआ था। वह देर तक होश में नहीं आया था। उसके ज़ख़्मों पर टांके लगा दिए गए थे। घायलों में दो मदनलाल और सुन्दरलाल भी थे। दोनों को प्रशामक दवाएं दी गई थीं।

तीन

रेस्ट हाउस पर कब्ज़ा

वन-विभाग के एक अफ़सर एन. एन. ख़ान सरकारी दौरे पर थे। एक सांझ वे बहराइच के रेस्ट हाउस में ठहरने आए। बारिशें ख़त्म हो चुकी थीं।

बरसात के मौसम में कोई अफ़सर दौरे पर नहीं आता था। रेस्ट हाउस ख़ाली पड़ा रहता था। उसके स्टोर रूम की छोटी-सी अन्धेरी कोठरी में एक तेंदुआ रहने लगा। वह दिनभर कोठरी के अन्दर सोया पड़ा रहता। केवल शाम को शिकार की खोज में बाहर निकलता। उसे यह कोठरी इतनी पसन्द आई कि बरसात ख़त्म हो जाने पर भी उसने ख़ाली नहीं की।

चौकीदार ने ख़ान को तेंदुए के उस कोठरी के प्रति मोह का क़िस्सा बता दिया।

ख़ान ने इस पर अविश्वास करते हुए बात को मज़ाक में टाल दिया। सुबह ख़ान के उठने से पहले ही तेंदुआ रात को दौरा ख़त्म करके कोठरी में जा सोया।

अगले दिन ख़ान और रेंजर कोठरी की जांच करने लगे। टूटे-फूटे सामान के पीछे वह मीठी नींद में डूबा पड़ा था। इन लोगों के अनाधिकृत दख़ल पर वह

उठा और दोनों पर लपका। इन्हें भगाकर फिर अपने कमरे में जा लेटा। उसे इस बात पर आपत्ति नहीं थी कि रेस्ट हाउस में कोई और न ठहरे, वह तो इतना ही चाहता था कि उसके कमरे में कोई दख़ल न दे।

जंगलात का सीज़न शुरू हो चुका था। तेंदुए को और अधिक समय के लिए वहां रहने की इज़ाज़त देना सम्भव न था। आसपास के सभी इकट्ठा किए गए। ख़ाली कनस्तरों व बरतनों को पीटकर, बांस की खपचियों व टहनियों को ज़मीन

पर पटककर ख़ूब शोर मचाया गया और तेंदुए को आतंकित करने की कोशिश की गई। मज़दूर ख़ूब हल्ला कर रहे थे और पत्थरों की बौछार से उसके मनोबल को

गिराने की चेष्टा कर रहे थे। आख़िर, वह भाग खड़ा हुआ और जंगल से पुनः इस कोठरी में नहीं आया।

उसके लेटने की जगह का सावधानी से निरीक्षण करने पर पता चला कि वह ज़ख़्मी था। घाव पर आने वाली मक्खियों से बचने के लिए उसने वहां शरण ली थी। शायद सेही के कांटे चुभने से यह घाव बना था।

चार

दिलेर नेवले का शिकारी कुत्ते से सामना

सन् 1957 की क्रांति के दिनों रौबर्ट ए. स्टेण्डर्ले अंग्रेज़ी हुकूमत की सक्रिय सेवा में थे। वे एक बड़े बंगले में रहते थे। उसकी चारदीवारी में झाड़ियां और

पेड़ उगे थे। यह एक छोटा जंगल बन गया था। इसकी टहनियों पर कई क़िस्म के पक्षी घोंसला बनाते थे। झड़े हुए पत्तों के नीचे गोह, सांप, नेवले वग़ैरह रहते थे। सभी को उस छोटे जंगल में भोजन मिल जाता था।

स्टेण्डर्ले बड़े जंगलों में शिकार करने जाया करते थे। उन्हें जंगल के जीवों से प्यार भी था। एक दिन माली ने बंगले के पीछे नौकरों के क्वार्टरों के पास नेवले

का एक बच्चा पकड़ लिया। माली उसे साहब के पास ले गया। साहब ने उसे पाल लिया। तब यह चूहे से भी छोटा पिद्दी-सा जीव था।

क्रांति को कुचलने की कोशिशों में स्टेण्डर्डाले को घोड़े पर रोज़ ही लम्बा सफ़र तय करना पड़ता था। नेवले के बच्चे को वे बंगले पर छोड़कर नहीं जाना चाहते थे। वे सोचते थे कि नौकर इसकी ठीक तरह देखभाल नहीं कर सकेंगे। नेवले को वे घोड़े की काठी के साथ लगे खोल में डालकर ले चलते थे। मालिक की जेब में घुसकर बैठने में उसे अधिक मज़ा आता था। मौक़ा मिलता तो वह उनकी आस्तीन में घुस जाता था।

वह अत्यन्त समझदार जीव था। ख़ूब अच्छी तरह जानता था कि जिस पक्षी को मालिक शूट कर रहा है वह उसी के लिए है। बन्दूक से निशाना साधते हुए देखकर वह पिछली टांगों पर खड़ा हो जाता था। खड़ा होने से उसकी निगाह दूर तक चली जाती थी। पक्षी के गिरते ही वह उसे बेसब्री से उठाने दौड़ता था। शिकार को लेकर रफ़ू-चक्कर हो जाता था। एकान्त में इतमीनान से खाता था।

इस अदने जीव ने एक बार अपने से बहुत बड़े ग्रेहाउण्ड कुत्ते पर बड़ी निर्भीकता से हमला कर दिया। जवाब में कुत्ते ने भी वार किया। उसे डराने के लिए नेवले

ने अपने बाल खड़े करके शरीर को फुला लिया। इससे वह अपने असल आकार से लगभग दुगुना बन गया। नेवले के इस रूप को देखकर कुत्ता सकपका गया।

एक दिन स्टेण्डर्डाले ने अपने कमरे के बाहर ज़ोर का शोर सुना। वे झटपट बाहर आ गए। उन्होंने देखा कि उनका पालतू नेवला एक लम्बे बगुले पर हमला कर रहा है। बगुले की पैनी चोंच की मार से बचकर नेवले ने पैंतरा बदला। उसके पीछे जाकर फुरती से गरदन दबोच ली। स्टेण्डर्डाले नहीं चाहते थे कि बेवजह बेचारे बगुले की जान चली जाए। इसलिए दबोचते ही पक्षी को छुड़ा लिया गया, पर ज़ख़्मों के कारण वह मर गया।

एक नौकर की लापरवाही से एक दिन वह घनी झाड़ियों के जंगल में गुम हो गया। स्टेण्डर्डाले के कैम्प से यह जंगल कुछ किलोमीटर दूर था। नौकरों ने काफ़ी देर तक खोजा। मिलने की उम्मीद नहीं थी तो वे लौट आए।

अगले दिन स्टेण्डर्डाले एक हिरण का पीछा कर रहे थे। उन्हें उसी रास्ते से गुज़रना पड़ा जहां पिछले दिन नौकर नेवले को लेकर गए थे। उन्हें वही जानी-पहचानी बारीक-सी चीख़ सुनाई दी, जो उनका प्यारा नेवला बोला करता था।

स्टेण्डर्डाले रुक गए। अपनी निगाहें झाड़ियों में दौड़ाने लगे। एक पेड़ के नीचे से नेवला भागता आ रहा था। वह उछलकर मालिक की बाहों में समा गया।

पांच

कोलतार में फंसा सियार और लड़के

गढ़वाल-हिमालय में दुगड्डा-लक्ष्मण झूला मार्ग पर कांडी-कस्याली के नज़दीक एक जूनियर हाईस्कूल है। स्कूल के बाज़ू में पक्की सड़क बनाई जा रही थी।

सड़क पर कोलतार फैलाया जाना था। आग जलाकर कोलतार भरे ड्रमों को गरम किया गया और कोलतार को पिघाल लिया गया।

कोलतार फैलाने का काम शुरू किया गया था कि शाम हो गई। काम करने वाले सभी लोग छुट्टी कर गए।

कुछ लड़के तफ़रीह के लिए वहां से गुज़र रहे थे। ये कोलतार के ड्रमों से छेड़ख़ानी करने लगे। उन्होंने ड्रमों को धकेल दिया। सारा कोलतार सड़क पर बह निकला। अपनी कारस्तानी से बनी चमकीली काली नदी को देखकर लड़के ख़ुश हो गए।

रात को एक सियार आहार की तलाश में गांव की तरफ़ जा रहा था। गांव

के कुत्ते उसके पीछे पड़ गए। दुश्मन के घेरे से निकलने के लिए उसे कोलतार वाली सड़क पर चढ़ना पड़ा। वह चिपचिपे कोलतार में फंस गया। क़िस्मत का

मारा कुएं से निकला था, खाई में जा गिरा।

देहाती कुत्ते समझदार थे। उसे मुसीबत में फंसा देखकर लौट गए। कोलतार से छूटने की उछल-कूद में सियार गिर गया, कोलतार में सन गया और सड़क पर चिपक गया। रात की तनहाई में उसकी हुआ···हुआ···· पुकार सुनकर जो सियार

आए वे भी मदद देने को लाचार थे।

1989 की जुलाई का महीना था। वातावरण में गरमी होने से रात को कोलतार जमा नहीं। सुबह स्कूल जाते बच्चों की एक टोली ने सियार की दयनीय हालत देखी। उनका मन पसीज गया। आनन-फानन में एक बच्चा जूते उतारकर सियार

को बचाने बढ़ा। वह उसे क्या बचाता, ख़ुद भी कोलतार के जोहड़ में फंस गया। दोस्ती निभाने की खातिर दूसरा बच्चा अपने साथी को निकालने गया। वह भी चिपक गया।

अपने दो साथियों की ऐसी हालत देखकर बाक़ी बच्चे घबरा गए। वे मास्टर जी को बुला लाए। वे अकेले भी क्या करते। उन्होंने गांव वालों को इकट्ठा किया। ईंट, रोड़ी, घास-फूस और फट्टे बिछाकर बच्चों तक पहुंचने के लिए एक सूखी पटरी बना ली गई। गांव वालों ने बच्चों को तो कोलतार से निकाला ही, सियार को भी निकाल लिया।

सियार के बदन से कोलतार हटाने के लिए गांव वालों को पांच लिटर मिट्टी का तेल लगाना पड़ा। दूर-दराज़ के इस इलाक़े में मिट्टी का तेल दुर्लभ पदार्थ था। सड़क बनाने वाले ठेकेदार ने मिट्टी के तेल की क़ीमत उन्हें दे दी और तीन प्राणियों को बचाने के लिए उनका आभार प्रकट किया। यह सियार अपनी बिरादरी में तभी मिल पाया जब तेल की गन्ध पूरी तरह उड़ गई।

छह

शेर का अपने पालक पर हमला

एक पशुप्रेमी के बंगले पर शेर का एक बच्चा रहता था। वह कुछ बीमार रहने लगा। मालिक ने उसे चिड़ियाघर में इलाज के लिए दे दिया। हौस्पिटल के डौक्टर खुराना की लगन और इलाज से वह ठीक हो गया। उसका नाम जिम था। वह सीधा शेर था। उसे जो चाहे थपथपा लेता था। उसे दिल्ली के टेलीविज़न स्टूडियो में ले जाया करते थे। लाखों दर्शकों ने उसे टेलीविज़न के परदे पर देखा था। उसकी शराफ़त की हरेक प्रशंसा करता था।

उसके पालक का नाम हनीफ़ था। जिम जब एक साल का हो गया तब भी हनीफ़ उसके गले में सांकल बांधकर उसे चिड़ियाघर के विशाल प्रांगण में लिए घूमता

फिरता था। उसने आज तक किसी जीव को न मारा था, न सताया था। उसमें हिंसक प्रवृत्तियां जागी नहीं थीं। हनीफ़ उसे सीख़चों के अन्दर बन्द नहीं करता था। हरी घास के एक लौन में जारुल का एक दरख़्त खड़ा था उसी के तने के

साथ उसे बांध देता था।

चिड़ियाघर में सैकड़ों दर्शक आया करते थे। वे खुले में जारुल की छाया तले शेर को लेटा देखते थे। उन्हें अचरज होता था। वे उसके पास जाने से डरते थे। हनीफ़ बहुत होशियार पालक था। उसे शेरों को पालने का तजुर्बा था। वह मदमस्त हाथियों को वश में कर लिया करता था। उसे अपने जानवरों पर भरोसा रहता था।

मैंने जिम के साथ बीसियों लोगों को फ़ोटो खिंचवाते हुए देखा था। जिम सबके साथ खेलने की कोशिश करता था, भले ही वह अनजान दर्शक हो। वह इतना बड़ा, ताक़तवर और भारी हो गया था कि खेल-खेल में लगाए गए उसके झापट को बर्दाश्त करना मुश्किल होता था। मैं एक बार उससे खेल रहा था। अल्सेशियन की माफ़िक वह मेरे ऊपर कूदा। उसके धक्के से मैं लौन पर लोट-पोट हो गया।

पालतू शेर जब इस अवस्था में पहुंच जाता है तब उसे सीख़चों में बन्द कर देते हैं। जिम को भी कठघरे में रख दिया गया। चिड़ियाघर के दूसरे शेरों के समान उसका समय भी पिंजरे के अन्दर कटने लगा।

चिड़ियाघर में एक नए अफ़सर आए। उन्हें शेरों के फ़ोटो लेने का ठरक था। लेकिन, वे उनकी आदतों से वाकिफ़ नहीं थे। उन्होंने हनीफ़ को जिम के फ़ोटो खिंचवाने का हुक्म दिया। हनीफ़ जानता था कि पौने दो साल की उम्र के जवान शेर पर हाथ डालना ख़तरनाक काम है। हनीफ़ ने अपनी कमज़ोरी और लाचारी जाहिर कर दी। मालिक ने उसे पदोन्नति के लिए फुसलाया।

मालिक का हुक्म बजाने के लिए हनीफ़ को निहत्थे शेर के बाड़े में उतरना पड़ा। मालिक अपने कैमरे लिए तैयार खड़ा था।

जिम अपने पिंजरे में सो रहा था। उसने पिंजरे के पिछले दरवाज़े पर लोगों का शोर सुना। एक मेहतर मोटी सांकलों को पुली के ज़रिये ऊपर खींचकर फाटक को उठा रहा था। दूसरा लम्बे सरिए के एक सिरे को पिंजरे के अन्दर पटककर जिम को बाहर निकाल रहा था। इस समय वह हर रोज़ सोया करता था। उसे अपनी नींद में खलल पसन्द न आया मेहतरों पर गुर्राया। सरिए की मार से उसे बाड़े में धकेल दिया गया। वह गुस्से में भर गया। एक बार ज़ोर से दहाड़ा फिर बेचैनी से चक्कर लगाने लगा।

मालिक को इसी चीज़ की ज़रूरत थी। वह किसी विदेशी कम्पनी के लिए

ऐसे फ़ोटो खींचने की कोशिश में था। जिनमें एक आदमख़ोर शेर आदमी पर लपक रहा हो। जान बचाने के लिए आदमी उससे जूझ रहा हो।

जिम के रवैये से हनीफ़ डर गया। जिम की निगाह उस पर पड़ी। वह झपटा। हनीफ़ जानता था कि वह उससे खेल नहीं रहा। उसे मारने के लिए झपट रहा है। जान बचाने के लिए हनीफ़ नरकुल की झाड़ियों में छिप गया। पहली झपट में जिम ने उसकी टांग चीर दी। उसकी खाक़ी पैण्ट चिथड़े हो गई। हनीफ़ की आंखों के आगे अन्धेरा छा गया। उसे लगा कि जैसे उसकी आख़िरी घड़ी आ गई है। उसने अल्लाह ताला को याद किया। वह सोच रहा था कि बचपन में जिसकी मैंने इतनी परवरिश की थी वह अब मेरे ख़ून का प्यासा बन उठा है। इस नाज़ुक घड़ी में उसे दैवीय प्रेरणा हुई। उसने प्यार से उसे पुचकारा और आत्मीयता से कहा : 'बेटा जिम, क्या हो गया तुम्हें ?'

जिम ने अपने पुराने पालक की आवाज़ को पहिचान लिया। दुलार भरे शब्दों से वह शान्त हो गया। उसने हनीफ़ को छोड़ दिया। लड़खड़ाता हुआ हनीफ़ उठ खड़ा हुआ।

जिम को पिंजरे में वापिस भेजने के लिए पटाख़े छोड़े गए। बाड़े के सीख़चों पर बांस पटक-पटककर उसे डराया गया। पत्थरों की बौछार की गई। डगमगाते हुए हनीफ़ को जैसे-तैसे बाड़े से बाहर निकाला गया।

पानी से भरी खाई के ऊपर दर्शक जमा हो गए थे। इस खौफ़नाक दृश्य को देखकर उनके रोंगटे खड़े हो गए। एक देहाती बुढ़िया की आंखों से आंसुओं की धारा बह रही थी। चिड़ियाघर के एक पालक ने हनीफ़ को गोदी में उठाकर जीप में लिटाया। रोती हुई बुढ़िया आगे बड़ी। उसने घायल हनीफ़ को छाती से चिपका लिया।

सात

भले हाथियों से छेड़छाड़ क्यों ?

सन् 1968 के मई महीने में मैं उत्तर प्रदेश के तराई जंगलों में जा रहा था। उस इलाक़े में फैले हाथियों के आतंक के प्रति मुझे सावधान कर दिया गया था। उसका कारण यह था कि वहां जंगली हाथियों ने चार लोगों को जान से मार दिया था। यहीं मुझे काम करना था।

इस साल मेरे यूनिट में सोलह मिलीमीटर के दो मूवी कैमरे और चार स्टिल कैमरे थे। फ़ोटोग्राफ़ी की दृष्टि से मेरा यूनिट अच्छे साधनों से सम्पन्न था। हमारे पास शक्तिशाली टैलीलेन्स भी थे। जीप या संचार का दूसरा साधन हमारे पास नहीं था। हमने अधिकतर काम पैदल ही किया था।

कई बार मद्दी दन्तुर हमारे पीछे भागे। हमें हाथियों की आदतों का भलीभांति

ज्ञान था। इससे हम क़ीमती कैमरों की हिफ़ाज़त करते हुए सफलतापूर्वक काम कर सके थे।

जंगल में एक नई सड़क बनाई जा रही थी। उस पर काम करने के लिए ठेकेदार ने आठ डोटियाल मज़दूरों को भरती किया था। तीन अप्रैल, 1968 की शाम को ठेकेदार ने रोज़ की तरह डोटियालों को छुट्टी दी। उन्होंने लकड़ियों के

गट्ठर सिर पर उठाये और अपने रैन-बसेरे की तरफ़ चल दिए। गैरल के पास दुमरिया चौड़ की फूंस की झोपड़ी में वे रहते थे। उन्हें मालूम था कि हाथियों का झुण्ड यहीं पर चर रहा था। झुटपुटा हो गया था। जिस रास्ते से वे गैरल जा रहे थे, उसके दोनों किनारों के साथ-साथ शान्त हाथी रोहिणी की झाड़ियां खा रहे थे। इस इलाक़े में मैंने मज़दूरों को अक्सर शोर मचाकर हाथियों को अकारण ही भगाते देखा है। इतने बड़े जानवर को घबराकर भागते हुए देखने में लोगों को मज़ा आता है।

डोटियाल मज़दूरों के हाथ में ख़ाली कनस्तर थे। उनमें पीने का पानी भरकर वे अपने काम की जगह ले गए थे। स्वच्छ पानी के सोत पास में नहीं थे। कनस्तर पीटते हुए और होहल्ला करते हुए डोटियाल रास्ते पर बढ़ने लगे। डरकर कुछ हाथी तो दूर हट गए, चार-पांच हाथियों की एक टोली को कुछ न सूझा तो वे वनपथ पर डोटियालों के आगे-आगे भागने लगे।

जंगलों में हाथी मस्त बादशाह की तरह रौब से झूमता चलता है। गजराज को अपने कुनबे के साथ डरकर भागते देखकर डोटियाल गर्व से बेहद ख़ुश हो गए। वे दूने ज़ोश से कनस्तर पीटते हुए उनके पीछे दौड़ने लगे। हाथियों और डोटियालों का फ़ासला कम होता गया। टोली में एक धुई भी थी। बच्चे वाली हथिनी को धुई कहते हैं। इस धुई को अपने बच्चे पर ख़तरा महसूस हुआ। कुछ दूर दौड़ने के

बाद धुई मुड़कर शोर मचाते हुए डोटियालों की तरफ़ दौड़ी। इसके साथ ही उसने तीखी चिंग्घाड़ करके दूसरे हाथियों को मदद के लिए बुला लिया। बच्चे को बचाने के लिए सारा झुण्ड डोटियालों पर टूट पड़ा।

सिर के गट्ठर पटककर वे भाग खड़े हुए। दो डोटियाल हाथियों की पकड़ में आ गए। रैन-बसेरा वहां से कोई दो सौ पचास मीटर दूर था। बाक़ी छह मज़दूर वहां तक पहुंच तो गए, पर तब तक अन्धेरा हो चुका था। वे इतने सहम गए थे कि अपने दो साथियों को तलाश करने के लिए जाने की उनमें हिम्मत नहीं थी। सुबह लाशों की खोज की गई। एक लाश पर हाथियों ने बहुत ठोकरें मारी थीं। वह बहुत-क्षत-विक्षत हो गई थी। लहू से लथपथ थी।

इस इलाक़े के लोगों से मैंने इस घटना का विवरण पूछा। वे बताते थे कि डोटियाल की खाल को कई जगह से हाथी ने सूंड से पकड़कर खींच लिया था।

आठ

बहादुर और साहसी मगर

मलेशिया की राजधानी कौलालाम्पुर के उत्तर में दो सौ किलोमीटर दूर एस. एम. नूर मनोरंजन पार्क में एक झील है। इसमें एक सौ के लगभग मगर रहते हैं। इनमें सबसे भारी-भरकम का नाम जोनी था। नौ सौ किलोग्राम भारी जोनी का झील के सभी मगरों पर दबदबा रहता था। वे उससे डरते थे। शिकार पर उसका एकाधिपत्य होता था। जब शिकार खा रहा होता था तब उसके पास आने की किसी की हिम्मत नहीं होती थी।

कुछ सालों बाद एक अन्य मगर शक्ति सम्पन्न हो गया। इसका नाम जग्गू था। जोनी से यह एक सौ किलोग्राम हलका था। दूसरे मगरों के समान जग्गू भी उसका सम्मान करता था। हरम की मगरियों के लिए या शिकार खाने के लिए ज़रा भी प्रतिद्वंद्विता का अवसर आता तो जग्गू कन्नी काट जाता। बहुत बरसों के बाद उसे झील का राजा बनने का भूत सवार हुआ। उसने सोचा था कि जोनी आख़िर

बूढ़ा हो गया है, कब तक उसकी दादागिरी चलेगी! राजा बनने की हवस पूरी करने के लिए उसने 1988 की पहली जनवरी को जोनी को चुनौती दे दी। दोनों में घमासान युद्ध हुआ। बराबर की टक्कर थी। बौक्सिंग के खिलाड़ियों के समान वे एक-दूसरे के मुंह पर अपने पैने दांतों से प्रहार कर रहे थे। जब एक का जबड़ा दूसरा पकड़ लेता तब वह मुक्त होने के लिए छटपटाता। एक-दूसरे को पटकी देते समय झील का पानी मथा जाता। झील पर उतराते हुए दूसरे मगर और हरम की मगरियां दूर से ही यह भयंकर युद्ध देखते रहे। छह घण्टे की लंबी लड़ाई में ऐसे क्षण भी आए जब जग्गू का पलड़ा भारी हो जाता था। उसकी ताक़तवर पकड़ से छूटने के लिए वह तिलमिला उठता था। अंत में जोनी के सशक्त हमलों से वह बुरी तरह क्षत-विक्षत हो गया। ज़ख़्मों के कारण रविवार, तीन जनवरी को मर गया।

इस जानलेवा युद्ध को तट पर खड़े बहुत-से लोग देखते रहे। इनमें पार्क का रेंजर भी था। उसका कहना था कि निकट भविष्य में झील पर अपना प्रभुत्व जतलाने के लिए कोई दूसरा मगर जोनी को चुनौती देने की हिम्मत नहीं करेगा। इसमें शक नहीं कि जग्गू वीरता और असाधारण साहस से लड़ता रहा था। उसकी

स्मृति को स्थायी बनाने के लिए उसकी खाल में भुस भरकर पार्क के म्यूज़ियम में रख दिया। म्यूज़ियम का क्यूरेटर दर्शकों को उसकी वीरता की कहानी चाव से सुनाता है। यशस्वी जग्गू मरकर भी अमर हो गया।

नौ

लक्ष्मी और मणि का प्यार

कमला सर्कस में लक्ष्मी नामक एक हथिनी सर्कस के खेल दिखाया करती थी। वह बहुत समझदार हथिनी थी। सर्कस के खेलों के द्वारा दर्शकों का मनोरंजन करना तो उसकी दैनिक ड्यूटी थी ही, इसके अलावा भी वह बहुत-से काम किया करती थी।

महत्त्वपूर्ण व्यक्ति जब सर्कस देखने आया करते थे तब लक्ष्मी उनके गले में फूलों की माला डालकर उनका स्वागत किया करती थी। इस काम को वह बहुत पसन्द किया करती थी। धार्मिक कृत्यों की तरफ़ उसके रुझान को देखकर ऐसा

लगता था कि वह पिछले जन्म में कोई देवकन्या रही थी। सर्कस के तम्बू के अन्दर हर रोज़ पूजा हुआ करती थी। उसमें वह सच्चे भक्त के समान नियमित रूप से शामिल हुआ करती थी। ज्यों ही पूजा की घण्टी बजनी शुरू होती वह झट वहां आ खड़ी होती। पूजा का प्रसाद ग्रहण करने के बाद चली जाती।

कभी-कभी दर्शकों की भारी भीड़ सर्कस देखने के लिए उमड़ पड़ती। प्रवेशद्वार पर उन्हें रोकना मुश्किल हो जाता। सर्कस का मालिक दामोदरन ज़ोर-ज़ोर से चिल्लाकर

उन्हें हटाने की कोशिश करता। मालिक की आवाज़ सुनकर लक्ष्मी वहां आ जाती और अपनी सूंड से हलका-सा लाठी-चार्ज करके भीड़ को तितर-बितर कर देती। कई मौक़ों पर लक्ष्मी ने बाहर खड़े होकर बेक़ाबू भीड़ को सफलता से नियन्त्रित किया था।

इस अत्यन्त बुद्धिमती हथिनी ने सर्कस के तीस हाथियों में से मणि नामक एक हाथी को अपना प्रेमी चुन लिया। मणि भी उसे बेहद प्यार करने लगा। जब कभी वह किसी दूसरे हाथी को लक्ष्मी के पास खड़ा देखता तब बर्दाश्त नहीं कर पाता। उसका विरोध करने के लिए वह भयंकर रूप से चिंघाड़ उठता।

महावतों को अभी इनकी प्रेम-लीला का पता नहीं चला था। वे इन्हें अलग-अलग खूंटों पर बांधने की कोशिश करते थे। इस बात पर लक्ष्मी एक तीखी चीख़ में अपनी नाराज़गी जताती थी। आख़िर, सर्कस के कर्मचारी भी इनके आपसी प्यार को समझ गए और इन्हें सदा एक साथ रखने लगे।

साल गुज़रते चले गए। एक दिन अचानक मणि के पेट में दर्द उठा। हर तरह का इलाज किया गया, लेकिन कोई फ़ायदा नहीं हुआ। कुछ दिनों तक वह असह्य पीड़ा से कराहता रहा। अन्त में इस घातक रोग ने उसके प्राण ले लिए। लक्ष्मी उसकी शिथिल और निर्जीव देह को खड़ी देखती रही। उसकी छोटी आंखों से बहती हुई आंसुओं की धारा रुकती ही नहीं थी।

सर्कस में उदासी छा गई। मणि हरेक का प्यारा हाथी था। वह उच्चकोटि का कलाकार था। सर्कस के हर सदस्य ने उसे अपनी श्रद्धांजलि अर्पित की; और तब उसका विधिवत् अन्तिम संस्कार कर दिया गया। लक्ष्मी अपने साथी के वियोग को नहीं सह सकी। वह बार-बार उसके खूंटे के स्थान पर चक्कर काटती रही।

हर रोज़ की तरह पूजा की घण्टी बजनी शुरू हुई। सभी सदस्य धीरे-धीरे जमा हो गए। लक्ष्मी नहीं आई। यह पहला मौक़ा था जब उसने घण्टी की पुकार को अनसुना कर दिया था। वह पूजा में शामिल नहीं हुई, न ही उसने पूजा का प्रसाद स्वीकार किया। उसने कुछ भी तो नहीं खाया। मणि के मरने के पन्द्रह दिन बाद वह भी मर गई। इस तरह उसने लैला-मजनू और रोमियो-जूलियट की अमर प्रेम-कहानियों की श्रृंखला में एक नई कड़ी जोड़ दी।

दस

ख़ूंखार तेंदुए पर जादू

अमेरिका में रिंगलिंग नाम का एक सरकस था। जंगली जानवरों के करतब दिखाने में उसकी ख्याति थी। सरकस ने एक मादा तेंदुआ ख़रीदी। उसका नाम था सोनिया।

सरकस के मालिक ने सोनिया को सिखाने का काम दामू धोत्रे को सौंपा। दामू पूना का रहने वाला साहसी युवक था। मालिक ने उसे बता दिया था कि सोनिया जितनी ख़ूबसूरत है उतनी ही ख़तरनाक है। फिर भी दामू ने उससे दोस्ती करने का फ़ैसला किया।

पहले दिन पिंजरे के पास जाकर वह चुपचाप सोनिया को टकटकी लगाकर देखता रहा। उसकी आंखों का सुनहरापन और शरीर की चमक मोहक थी। धीरे-धीरे दामू पिंजरे के और नज़दीक पहुंच गया। सोनिया ख़ामोश बैठी रही।

उसके बारे में जो कुछ सुना था दामू को वह वैसी मक्कार और चालाक तो नहीं नज़र आई। जो जानवर ऐसे होते हैं उनकी शक्ल से ही मक्कारी टपकती है।

वह कई दिन तक लगातार उसके पिंजरे के पास जाता रहा। उस ख़ूबसूरत जानवर को जी भरकर देखता। उससे बातें करता और दोस्ती बढ़ाता। वह दामू को एक ही भाव से देखा करती और चुपचाप बैठी रहती। फिर दामू ने उसे गोश्त देना शुरू किया। वह गोश्त तो न खाती, दामू की तरफ़ निर्विकार देखती रहती। उसके चेहरे पर न गुस्सा आता और न तेज़ी।

एक दिन दामू ने उसे रिंग में उतारने का निश्चय किया। उसने सोचा कि जो होगा देखा जाएगा। हाथ में चाबुक और डण्डा लेकर वह रिंग के अन्दर गया। सोनिया उससे काफ़ी दूर खड़ी थी। दामू को उम्मीद थी कि दूसरे जानवरों के समान वह झपटेगी और रस्सियों को तुड़ाने की कोशिश करेगी। उसने ऐसा नहीं किया।

वह पहले तो उस्ताद को देखती रही, फिर सिर झुकाकर एक पंजे से अपने कान को खुजाने लगी। उसकी हरकत को देखकर अचरज हुआ, जिसके बारे में इतना कुछ सुना था वह ऐसी सीधी है।

उस समय दामू को ऐसा लगा कि चाबुक और डण्डा फेंककर उसका ज़ोर से आलिंगन कर लूं। तभी वह सम्हल गया। अपने को क़ाबू कर उसने सोनिया को सिखाना शुरू किया। उसे चक्कर काटना सिखाया। सोनिया ने अपने पाठों को सीखने में ख़ासी दिलचस्पी दिखाई।

रिंगलिंग के मैनेजर को बड़ी ख़ुशी हुई। सुबह की पूजा के बाद उसने सरकस के कलाकारों के सामने दामू की तारीफ़ करते हुए कहा : दामू ने ख़ूंखार जानवर पर जादू कर दिया है। सोनिया उसके इशारे पर नाचने लगी है।

दामू को जितना भी समय मिलता वह सोनिया के पास गुज़ारने लगा। एक दिन वह कई घण्टे उसके पिंजरे के पास रहा। उसे खिलाता रहा। उसके साथ बातें करता रहा, तरह-तरह के गीत गाता रहा, उसके हावभावों को ग़ौर करता रहा, उसे थपथपाता रहा।

उस रात दामू ने निश्चय किया कि अब बन्धन के बग़ैर ही उसे सिखाया जाएगा। अगले दिन रिंग में घुसने के साथ ही उसने सोनिया की जंजीरें खुलवा दी। वह अपनी जगह पर स्थिर खड़ी थी। उसकी सुनहरी आंखें उस्ताद पर जमी थीं। सूर्य की रोशनी में उसकी स्वच्छ खाल के काले चटाक चमक रहे थे।

दामू दाहिनी तरफ़ से धीरे-धीरे घूमता हुआ उसके आगे आ गया। उसने चाबुक से इशारा करना शुरू किया। फिर डण्डे से ज़मीन पर एक वृत्त खींचा और

चाबुक के सिरे को उसकी परिधि पर घुमाना शुरू किया। वह उसके पीछे घूमती रही। जैसे-जैसे उस्ताद कहता गया वह करती गई।

इसके बाद दामू ने चाबुक से एक छोटी मेज़ पर बैठने का इशारा किया। वह चुपचाप कूदकर उस पर बैठ गई। फिर चाबुक के इशारे से अगले पंजे ऊपर उठाने को कहा। उसने वैसा ही किया और ताली बजाने की मुद्रा प्रस्तुत की। अब उसे मेज़ से उतर कर दो चक्कर लगाने को कहा गया। वह शिष्टता से उतरी और आराम से दो चक्कर लगा गई।

जंगल में पले हुए चार साल के तेंदुए का सरकस का पहला पाठ बड़ा तसल्लीबख़्श रहा। उसे अब दूसरे जानवरों के साथ रिंग में उतारना शुरू किया जाने लगा। वह पहले तो कुछ झिझकी, सब जानवर काम करते, वह एक जगह अलग खड़ी रहती और सबके बाद अकेले ही काम करना पसन्द करती।

गले में पटा बांधकर दामू उसे दर्शकों के सामने लाने लगा। आश्चर्यचकित दर्शक उसकी और दामू की तारीफ़ करते। बच्चे तो उसके फ़ैन हो गए थे।

एक बार फ़्लोरिडा (अमेरिका) में उसके गले में पटा बांधा जा रहा था। वह मुंह में पटा पकड़कर भाग गई और तीन-चार क़दम पीछे बिलकुल खुले में खड़ी हो गई। दर्शकों में भगदड़ मच गई।

सोनिया वहीं खड़ी रही। उस्ताद के बुलाने पर पालतू कुत्ते के समान आ गई और उसे पटा दे दिया। दूसरे जानवरों के साथ सोनिया को पहली बार पिरेमिड में शामिल करने पर एक प्रोद्दीपक घटना हो गई। उसे एक अन्य तेंदुए के साथ खड़ा किया गया। तेंदुए को सोनिया पर पंजा रखने को कहा गया। वह उस्ताद का आदेश पालन करने लगा तो सोनिया उस पर झपट पड़ी। उस समय उसे न डांटा जाता तो तेंदुए को मार डालती।

दामू अपनी गर्वीली शिष्या के अहं को भांप गया। उसने पिरेमिड में सोनिया को सबसे ऊपर खड़ा करना शुरू किया। वह बिना हिचक के सब जानवरों के ऊपर चढ़कर खड़ी हो गई। तालियां बजाकर दर्शक उसका अभिनन्दन करने लगे।

एक बार रिंगलिंग सरकस इंग्लैण्ड के दौरे पर था। एक शाम रखवाला उसके पिंजरे में ताला लगाना भूल गया। वह पिंजरे से बाहर निकल गई और चुपके से उस्ताद के बिस्तर पर जा लेटी। सोनिया का दामू से वास्तव में इतना प्यार हो गया था कि वह अधिकतर उसके साथ ही रहना चाहती थी। वह इतना हिल गई थी कि उसके साथ खुली घूमती थी। दूसरे लोगों को भी कुछ नहीं कहती थी।

ग्यारह

बहादुर लकड़हारा

हमारे जंगलों में मनुष्य के लिए सबसे ख़तरनाक पशु भालू है। इसका स्वभाव बड़ा अनिश्चित है। सामान्यतया यह मनुष्य को देखकर भाग खड़ा होता है, परन्तु

ऐसी घटनाएं घटी हैं कि इसने अनजाने में राहगीर पर या घास काटती हुई औरतों पर हमला कर दिया था। वनों में जंगली जानवरों द्वारा मनुष्य पर हमला किए जाने

की जितनी वारदातें होती हैं उनमें पिचानवे प्रतिशत भालुओं द्वारा हमले की होती होंगी। आजीविका की तलाश में वन में गए हुए देहातियों पर ये हमला कर देते हैं। ऐसी घटनाओं की छानबीन करने पर सामान्यतया हमले करने का कोई कारण नहीं नज़र आता।

एक बार एक घायल लकड़हारा गुरुकुल कांगड़ी (हरिद्वार) के हस्पताल में इलाज के लिए लाया गया। इसका नाम किसना था।

मिट्ठी बेरी के पास जंगल में यह लकड़ी काटने जा रहा था। अक्सर चार-पांच लकड़हारे मिलकर जंगल में जाया करते हैं। किसना के साथी आगे निकल गए थे। ये लोग कुल्हाड़ी को कन्धे पर टिकाकर ख़ाली हाथ चलते हैं। किसना भी इसी तरह अपने ख़यालों में डूबा हुआ चला जा रहा था। नाले को पार कर ज्यों ही वह ढांग

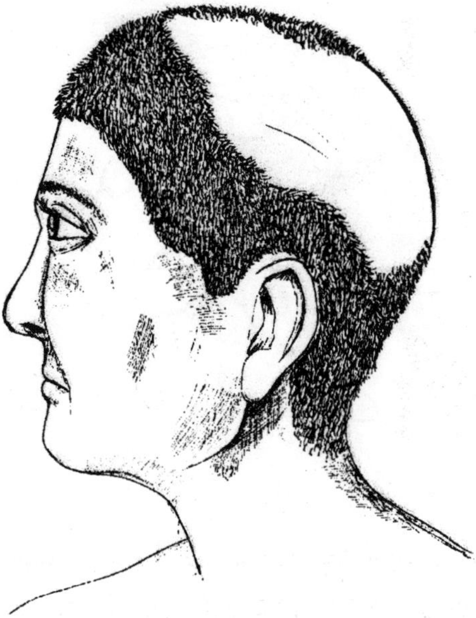

पर चढ़ा कि पीछे से भालू ने हमला कर दिया। अचानक किए गए हमले से वह हड़बड़ा गया। भालू के पंजे की चोट से कुल्हाड़ी दूर जा गिरी। किसना पैंतालीस साल का तगड़ा आदमी था। उसके परिवार की आजीविका जंगल से चलती थी। किसी मौसम में इस परिवार के लोग मालझन के पत्ते तोड़कर शहर में हलवाइयों को बेचते थे। कभी प्याल और कभी झड़बेरी के बेर ले आते थे। साल के अधिक

महीने लकड़ी के कारोबार में गुज़रते थे। ये लोग जंगल और जंगल के जीवों से अच्छी तरह वाक़िफ़ थे।

जंगल में किसना का एकमात्र सहारा कुल्हाड़ी थी। उसके गिर जाने से वह निहत्था हो गया था। ऐसी हालत में भी अपनी रक्षा करने के लिए भालू से मुक़ाबला करने की उसमें हिम्मत थी।

भारी-भरकम भालू के बोझ से किसना औंधे मुंह गिरा था। उसे सम्हलने का मौक़ा ही नहीं मिला। भालू ने उसके सिर का समूचा मांस नोच लिया था। हिम्मत करके उसने अपनी बाज़ू से हमलावर पर चोट की। भालू ने दांतों से बाज़ू को काट लिया।

किसना के साथी लकड़हारों ने उसे जैसे-तैसे हस्पताल पहुंचाया। सांझ हो गई थी। सांझ के अन्धेरे में उसके कपाल की सफ़ेद हड्डियां चमक रही थीं। बाज़ू के ज़ख़्मों का ख़ून सूखकर काला पड़ गया था। ख़ून बहुत बह चुका था। उसकी आंखों की ज्योति क्षीण हो गई थी।

यह घटना 1934 के आसपास की है। उन दिनों हरिद्वार में मिलने वाली अच्छी से अच्छी दवाओं से उसका इलाज किया गया। आठ-नौ महीने बाद वह ठीक होकर चला गया।

बारह

शेरनी और गीदड़

गीदड़ पक्षियों को और उनके अण्डों को खा जाते हैं। इन्हें मुर्ग़ीघरों में लूट मचाते देखा गया है। चम्बल नदी के किनारे से घड़ियाल और मगर के भड़ को खोदकर उनके अण्डे खा जाते हैं। ये जीव रेतीली ज़मीन में पैरों से गहरा गड्ढा खोदकर उसमें अण्डे रखते हैं। इस गड्ढे को भड़ कहते हैं। मौक़ा मिलने पर ये मेमनों, शेरों, बीमार बकरियों और भेड़ों का शिकार कर लेते हैं। किसी भी छोटे या ज़ख़्मी स्तनपायी जानवर पर हमला कर देते हैं।

गीदड़ प्रायः अकेले और कभी दो मिलकर शिकार करते हैं। वनकुत्तों के समान गिरोह बनाकर हिरण को मार गिराते हैं। दो गीदड़ों को एक बार योजना बनाकर स्पेनिअल नस्ल के कुत्ते पर हमला करते देखा गया था। एक गीदड़ सामने से आया। कुत्ता उसके मुखातिब हुआ तो दूसरा पीछे से बढ़ा और उसकी टांगों पर दांत गाड़ने

की कोशिश करने लगा।

डौक्टर सालिम अली ने दो गीदड़ों को एक ख़रगोश का पीछा करते देखा था। सालिम अली को देखकर एक तो खिसक गया। दूसरा शिकार में इतना खो गया था कि दो बार फ़ायर करने पर भी उसने ख़रगोश का पीछा नहीं छोड़ा। दूसरे फ़ायर का एक छर्रा लगने से वह ज़ख़्मी भी हो गया था।

इ. एस. लेविस अम्बाला के पास शिकार खेलने गए थे। यह 1941 की बात है। तब वहां के जंगलों में अच्छा शिकार मिल जाता था। नाले में एक जोहड़ था। यह क़रीब सात मीटर लम्बा, इतना ही चौड़ा और एक हाथ गहरा था। जोहड़ से ज़रा हटकर लेविस चुपचाप खड़े हो गए। उनके शिकार के लिए हंकैये हांका करके जंगल से जानवरों को इधर खदेड़ रहे थे।

जंगल से एक गीदड़ निकला और पानी में घुस गया। उसने लेविस को देखा नहीं था। जब वह जोहड़ के बीच पहुंच गया तब वे ज़रा हिले। गीदड़ को उनका पता चल गया। दो सौ मीटर की दूरी पर हांके में लगे हुए लोगों की आवाज़ गीदड़ को सुनाई दे रही थी। उसने उचककर एक बार पीछे देखा। मुसीबत को अपने सिर पर मण्डराता देखकर भी वह भागा नहीं। भागने की बजाय जोहड़ में डुबकियां लगाने लगा।

पानी की सतह के नीचे से सिर ऊपर उठाकर वह कुछ सेकण्ड अपने साथी की राह ताकता था और फिर डुबकी लगा लेता था। जब वह कई बार ऐसा कर चुका तब लेविस की हंसी छूट गई। तब गीदड़ जंगल में भाग गया।

शुतुर्मुर्ग़ के लिए कहा जाता है कि ख़तरा आने पर वह अपना सिर रेत के अन्दर छिपा लेता है। मालूम पड़ता है कि यह गीदड़ भी उसी तरह दुश्मन को देखकर गोता लगा रहा था।

मुसीबत में फंसे अपने साथियों की सहायता के लिए गीदड़ शोर मचाते हैं। उसे सुनकर झाड़ियों और घास में से दूसरे गीदड़ निकल आते हैं। सब मिलकर भयंकर रूप से शोरग़ुल करते हैं और रोने की-सी आवाज़ें करते हैं।

जोड़ों में मिलकर और छोटी-छोटी टोलियों में संगठित होकर दुश्मन पर टूट पड़ते हैं। उनकी पूंछें सीधी तनी हुई और दांत निकले हुए होते हैं। कभी आगे बढ़ते हुए और कभी पीछे हटकर पैंतरा बदलते हुए वे दुश्मन के इर्द-गिर्द चक्कर लगा रहे होते हैं।

ऐसा लगता है कि दुश्मन के चारों ओर नाचते हुए वे यमनृत्य का प्रदर्शन कर रहे हैं। छत्ते को छेड़ने पर मधुमक्खियां जो दशा भालू की कर देती हैं वैसी ही दशा यह दुश्मन की कर देते हैं।

1938 में मैंने हरिद्वार की गंगनहर के किनारे अड़ूसे की अधोरोह में एक अजगर ज़िन्दा पकड़ा था। साढ़े चार मीटर लम्बे उस अजगर ने एक गीदड़ को अपनी कुण्डलियों में भींच लिया था। अभागे के साथी उसके चारों ओर इसी तरह यमनृत्य कर रहे थे और शोर मचा रहे थे।

पहले ज़माने में बच्चों को स्वावलम्बी बनाने की गरज़ से बुज़ुर्ग लोग नसीहत दिया करते थे, बेटा, शेर की तरह ख़ुद शिकार मारकर खाना, गीदड़ की तरह शेर की जूठन पर मत पलना। उनका इशारा होता था कि पिता की कमाई पर आस मत रखना, ख़ुद कमाना।

कभी-कभी गीदड़ भी बुज़ुर्गों की इस नसीहत पर चलते देखे जाते हैं। पन्नेर घाट नेशनल पार्क में आपसी लड़ाई में एक शेरनी घायल हो गई। उसका अगला एक पंजा और कील सरीखे पैने तथा लम्बे किल्ले दांत टूट गए। उसकी रक्षा करने के लिए पार्क के अफ़सरों ने उसे एक बाड़े में रख दिया।

भारी वर्षा से बाड़े की दीवार एक जगह से बह गई। शेरनी वहां से निकल कर साथ के जंगल में चली गई। 1989 के शुरू की घटना है।

जंगल में तलाश करने पर पार्क के अफ़सरों को उसका कुछ पता नहीं चला। जंगल बहुत घना था। उसमें बड़ी संख्या में गीदड़ रहते थे।

क़रीब आठ महीने बाद जंगल में शेरनी की खोपड़ी मिली।

पार्क के अफ़सरों का कहना था कि घायल शेरनी बन्द वातावरण में रहने की आदी बन गई थी। वहां उसे भैंस का गोश्त मिल जाता था। बरसों तक बन्द वातावरण में रहने के कारण और अपंग होने के कारण वह जंगल में जानवरों का शिकार करने में पूरी तरह सक्षम नहीं थी। परिणामतः भूखी रहने लगी और कमज़ोर हो गई। तब गीदड़ों ने उस पर हमला कर दिया और उसे खा गए।

तेरह

बनकुत्तों ने सांभर की आंखें नोच लीं

मैसूर की बादरा नदी के किनारे फ़ेण्ड खड़ा था। क़रीब दो सौ मीटर नदी के उस पार एक मादा सांभर पानी पीने आई। वह पूरी जवान थी। पानी पीकर जंगल में लौट गई।

पन्द्रह मिनट बाद जंगल के उसी टुकड़े में कुछ चहल-पहल होने लगी। फ़ेण्ड ने सोचा कि नदी के साथ फैली हुई घास के पीछे शेरनी अपने बच्चे के साथ दौड़ रही है।

कुछ ही क्षण बाद उसे वही सांभर दिखाई दी जो पानी पीकर गई थी। बनकुत्ते उसका पीछा कर रहे थे। उन्होंने उसे जंगल के बाहर खदेड़ दिया था।

शिकार के बिलकुल नज़दीक पहुंचकर बनकुत्ते जिस तरह बोलते हैं उसी तरह की बेतहाशा सीटियां बजा रहे थे। बनकुत्तों को पालतू कुत्तों के समान भौंकना नहीं

आता ।

बनकुत्तों के घेरे से बचकर सांभर जंगल की तरफ़ नहीं जा सकती थी । जान बचाने के लिए पानी में घुस गई । किनारे से पन्द्रह मीटर दूर रही होगी । पानी के बहाव की रफ़्तार मद्धम थी । छाती तक गहरे पानी में खड़ी थी । बनकुत्तों ने

नदी के अन्दर से सांभर का पीछा नहीं छोड़ा । एक बनकुत्ता उसके सामने आ गया । दूसरा उस चट्टान पर चढ़ गया जो सांभर और नदी-तट के बीच पड़ी थी । सांभर को किनारे की तरफ़ जाने से रोकना इसका काम था ।

सांभर स्थिर खड़ी हो गई । एक बार ज़ोर से हुंकारी । बनकुत्तों पर इसका कोई असर नहीं हुआ । पानी वाले बनकुत्ते ने सामने से हमला कर दिया और उसकी थूथनी पकड़ ली ।

दूर खड़े हुए फ़ेण्ड ने देखा कि पहले ही हमले में सांभर का सिर और बनकुत्ता एक बार पूरी तरह पानी के नीचे डूब गए ।

जब उसका सिर फिर प्रकट हुआ तब उसने गरदन को सीधा तान लिया था, उसने दर्दभरा लम्बा सांस छोड़ा ।

सामने वाले बनकुत्ते ने अपना पहले वाला मोर्चा सम्हाल लिया था । ज़रा ठहरकर उसने फिर हमला कर दिया । पहली बार के समान दुबारा सांभर का सिर और बनकुत्ता पानी में लुप्त हो गए । जब सिर बाहर आया तब उसने फिर दर्दभरा लम्बा सांस छोड़ा ।

सांभर किनारे की तरफ़ मुड़ी। रुक-रुक कर उसने एक-दो क़दम बढ़ाए। फिर वह एक चट्टान से जा टकराई, हालांकि यह चट्टान पानी की सतह से ऊपर साफ़ दीख रही थी। बनकुत्ते ने सांभर की आंखें नोच डाली थीं। वह बिलकुल अन्धी हो गयी थी।

फ़ेण्ड ने महसूस किया कि सांभर का अन्त नज़दीक आ गया है। उस दर्दनाक घटना की जगह पहुंचने के लिए वह धारा के साथ-साथ नीचे की तरफ़ चल पड़ा।

उसके पहुंचने से पहले वह मर चुकी थी। दो बनकुत्ते उसे पानी से बाहर घसीटने की कोशिश कर रहे थे। पानी की सतह से किनारा लगभग एक हाथ ऊपर था। वे उसे ऊपर नहीं चढ़ा सके।

सांभर का केवल सिर पानी के बाहर सूखी धरती पर था। बनकुत्तों ने उसे खाकर ऐसा साफ़ कर दिया था कि वह सफ़ेद कपाल के अलावा कुछ नहीं दीखता था।

इस हमले में उन दो बनकुत्तों के अलावा एक और बनकुत्ता था। उसकी टांग टूटी हुई थी। यह बात निश्चित है कि पानी के अन्दर सांभर को दबोचने का काम केवल उसी बनकुत्ते ने किया था।

कुछ आदिवासी आए और बनकुत्तों को भगाकर सांभर को खाने के लिए उठा ले गए।

चौदह

पांच बरस से लेटी नहीं अनारकली

उत्तर प्रदेश के रामपुर शहर में एक चीनी मिल है। रामपुर रेलवे स्टेशन साइडिंग से रेल पटरी चीनी मिल के भीतर चली गई है। मिल में बनी चीनी को बोरों में भरा जाता है। बोरों को मालगाड़ी के डिब्बों में लादकर साइडिंग तक पहुंचाया जाता है।

मालगाड़ी के डिब्बों को ले जाने का काम हाथी करते हैं। हाथी अपने माथे से डिब्बों को धकेलकर स्टेशन तक ले जाते हैं। स्टेशन से ख़ाली डिब्बे धकेलकर मिल के भीतर पहुंचा देते हैं।

इस काम के लिए मिल के पास तीन हथिनियां थीं। इनके नाम थे–चम्पा, फूलरानी और अनारकली। तीनों हथिनियों का आपस में बड़ा प्यार था। और ख़ूब

भाईचारा था। किसी एक को दुःख होता था तो दूसरी हथिनियां भी उसे महसूस करती थीं।

मिल के कामदारों के समान हथिनियों से भी नियत घण्टों में काम लिया जाता था। किसी हथिनी से उसकी सामर्थ्य से अधिक काम लिया जाता तो वह बिगड़ जाती थी और विरोध करती थी। गुस्से में ईंट, पत्थर या जो कुछ भी सामने दिखाई

दे जाए उसे सूंड में उठाकर इधर-उधर फेंकने लगती थी। तोड़-फोड़ करने लगती थी। अपने घर के छप्पर तक को तोड़ डालती थी। लोगों को मारने पर उतारू हो जाती थी।

चीनी मिल में आने से पहले चम्पा के रिकौर्ड में एक ख़ून भी दर्ज था। उस दिन वह अपने रोज़मर्रा के काम को ख़त्म करके थक गई थी। फिर भी और काम कराने के लिए महावत ने उसे मारा-पीटा और गालियां दीं।

इस पर चम्पा आपे से बाहर हो गई। उसने महावत को सूंड से उठाकर पटक दिया, पैर के नीचे कुचल दिया और टांगें चीर दीं। बदला लेकर वह शान्त हो गई।

उसका मालिक उसे हमेशा आशंका से देखने लगा। वह सोचता था कि पता नहीं कब, किसी बात पर यह बिगड़ जाए और किसी का ख़ून कर डाले। उसने

फटाफट उसे बेच दिया।

चीनी मिल में एक दिन चम्पा से पाईप उठाने का काम लिया जा रहा था। वह आठ घण्टे काम करने की अपनी शिफ़्ट पूरी कर चुकी थी। फिर भी उसे दूसरे कामदारों के साथ छुट्टी नहीं मिली। महावत ने काम लेने के लिए ज़बर्दस्ती की। उसे झिड़का और पीटा। उसकी चीख़ निकल गई। उसे सुनकर फूलरानी और अनारकली दौड़ी आईं। उन्होंने चम्पा को मारने पर गुस्से से प्रदर्शन किया। ईंट, पत्थर उठाकर महावतों पर फेंकने लगीं। उसके ज़बर्दस्त विरोध के आगे महावतों को झुकना पड़ा।

अपनी उम्र भोगकर 1972 में चम्पा मर गई। 1984 में फूलरानी की अगली बायीं टांग एक गड्ढे में गिरने से ज़ख़्मी हो गई। मवेशी डौक्टर तीन महीने तक उसका इलाज करता रहा। फिर उसे टिटेनस (धनुष्टंकार) हो गया। उसका शरीर अकड़कर धनुष के समान मुड़ गया। उसे बराबर झटके आने लगे। इस लाइलाज बीमारी से डौक्टर उसे बचा नहीं सका।

अनारकली अपनी कामग़ार सहेली के बग़ल में खूंटे पर बंधी रहती थी। वह फूलरानी की तकलीफ़ को महसूस करती थी।

काम पर जाने के लिए जब अनारकली की सांकलें खोली जातीं तब वह सीधी अपनी बीमार सहेली के पास जाती। असहाय लेटी हुई सहेली के माथे और सीने को सूंड के सिरे से टटोलती।

उसे देखकर महावत का दस साल का लड़का अपनी कुटिया में दौड़ा जाता।

उसकी अम्मी हथिनियों के लिए टिक्कड़ सेक रही होती। वह कहता– 'अम्मी, अनारकली अपनी सूंड से फूलरानी को छूकर उसका बुख़ार देख रही है। वह डौक्टर बन गई है।' शाम को काम से छुट्टी मिलने पर अनारकली जब अपने ठिये पर लौटती तब भी इसी तरह फूलरानी की हालत का जायज़ा लेती। वेदना से फूलरानी का कराहना सुनकर वह अपने छाज जैसे कानों को स्थिर कर लेती। एकटक उसे देखती रहती। उसके मन में एक भय समा गया था। अगर मैं लेट गई तो मेरी भी यही दुर्दशा हो जाएगी। यह सोचकर उसने रात को भी लेटकर आराम करना छोड़ दिया था। वह खड़ी-खड़ी ही नींद पूरी करने लगी थी।

जिस दिन फूलरानी मरी उस दिन तो अनारकली पर वज्रपात हो गया। रेल पटरी से पार महावत की कुटिया से ज़रा दूर गहरा गड्ढा खोदा गया। भारी लाश

की गरदन और टांगों में मोटे रस्से बांधे गए। उसे खींचकर गड्ढे तक ले जाने का काम अनारकली से लिया गया।

इस दुर्घटना का सदमा अनारकली के आहत दिल में और गहरा बैठ गया। दिन हो या रात, वह कितनी भी थकी हुई क्यों न हो, उसने लेटने की कभी कोशिश ही नहीं की। 1989 के अन्त में मैंने उसके बारे में पता किया था। उसके महावत से पता चला कि क़रीब पांच बरस से वह खड़े-खड़े ही सो लेती है। लेटती नहीं।

पन्द्रह

बीमार सिंह की सिंह द्वारा देखभाल

गुजरात के गिर नेशनल पार्क में उभड़ा और भिलिया नाम के दो सिंह थे। ये सगे भाई थे। 1965 में इनकी उम्र सोलह साल थी। उन दिनों ये खोखरा वनखण्ड में रहते थे।

दिसम्बर के महीने में उभड़ा बीमार देखा गया। उसके सिर पर एक बड़ा घाव था। यह दस सेण्टीमीटर लम्बा, पांच सेण्टीमीटर चौड़ा और तीन सेण्टीमीटर गहरा होगा।

किसी दूसरे टोले के सिंह के साथ लड़ाई में यह घाव बना था। दूसरे इलाक़े का वह सिंह भी उभड़ा के समान तगड़ा था।

घाव में कीड़े पड़ गए थे। कीड़े हर वक़्त कुलबुलाते रहते थे। घाव पर मुरदार मक्खियां भी बैठती थीं। वह उन्हें उड़ा नहीं पाता था और बहुत परेशान रहने लगा था। बीमारी के कारण अधिक चिड़चिड़ा और गुस्सैल हो गया था।

भिलिया उसे छोड़कर दूर नहीं जाता था। उसकी देखभाल करता था। उसे खिलाने के लिए शिकार मारकर लाता था। गश्त पर आने वाले वनरक्षकों ने उसे उभड़ा के घावों को चाटकर साफ़ करते हुए भी देखा था। वनरक्षकों ने खोखरा में

उसका इलाज करने की कोशिश की थी। उसमें सफलता नहीं मिली। इसलिए उसे जूनागढ़ के शक्करबाग़ चिड़ियाघर में इलाज के लिए भेजने का फ़ैसला किया गया।

उसे पकड़ने के लिए पिंजरे में बकरी बांधी गई। उभड़ा उसके पास गया, पर पिंजरे के अन्दर घुसा नहीं। उसे खुले जंगल में आज़ाद रहकर मरना पसन्द था, सींख़चों के अन्दर क़ैद होना नहीं। कुछ समय बाद उभड़ा और भिलिया काड़वाली जंगल में चले गए। वहां चीतल-हिरण बड़ी संख्या में थे। अधिकतर ये चीतलों का शिकार करते थे। बाईस फ़रवरी, 1969 को एक बड़ा पिंजरा काड़वाली ले गए। वह उसी तरह का पिंजरा था जिसमें सरकस का रिंग मास्टर चाबुक की फटकार पर सिंहों के हैरत-अंगेज़ करतब दिखलाया करता है।

पिंजरे को खड़ा करके हरी टहनियों और घास-फूस से ढक दिया गया। अन्दर पाड़ा बांध दिया गया। फिर कुकारा करके दोनों भाइयों को बुला लिया। कुकारा सोरठी भाषा का शब्द है जिसका अर्थ पुकारना है। शिकारी कुर् ⋯ र् ⋯ र ⋯ ओ ⋯ सरीखी आवाज़ करके जंगल से सिंह को बुलाता है। सिंह इस आवाज़

को पहिचानते हैं और समझते हैं कि शिकारी इन्हें चारा देने के लिए बुला रहे हैं। ज़रूरत पड़ने पर शिकारी बकरी के मिमियाने की, भैंस के रंभाने की, आवाज़ भी करते हैं।

भिलिया अकेला पिंजरे के अन्दर घुसा। पाड़ा मारा और बाहर आ गया। उसने पाड़े को खाया नहीं। वह चाहता था कि उसका बीमार भाई पहले अपना पेट भर ले। भाई के इशारे पर उभड़ा अन्दर गया और अपने किल्लों से पाड़े की खाल को चीरने लगा।

तभी नज़र मुहम्मद वनरक्षक ने पिंजरे की डोरी खींच दी। डोरी टूट गई और दरवाज़ा बन्द नहीं हुआ। ऊपर से गिरता हुआ दरवाज़ा रास्ते में ही अटक गया। इससे उभड़ा पिंजरे के अन्दर बन्द तो हो गया, लेकिन यह ऐसी स्थिति थी, जो कभी भी ख़तरनाक हो सकती थी। भिलिया पिंजरे के बाहर अविराम चक्कर लगा रहा था। वह अपने भाई को क़ैद में छोड़कर जाना नहीं चाहता था। नज़र मुहम्मद ने हिम्मत करके दरवाज़े को नीचे गिरा दिया और कुण्डी लगा दी। पांच दिनों की अथक कोशिशों के बाद बीमार उभड़ा पकड़ लिया गया था। इस सफलता पर नज़र को सन्तोष था।

पिंजरे को ट्रौली पर लादा गया। उभड़ा को लेकर ट्रैक्टर ऊबड़-खाबड़ धरती पर मंथर गति से सासण की तरफ़ बढ़ने लगा। करौंदी के घने झुरमुटों के बाहर

भिलिया खड़ा था, बिलकुल असहाय। सिर उठाकर पिंजरे में क़ैद भाई को एकटक देखता रहा। उसने प्यार भरे मन्द स्वर में विदा होते हुए भाई को पुकारा। फिर ज़ोर से हुंकार दी। उसके भाई की आज़ादी छिन गई थी।

सोलह

शंकर की शरण में सांभर

हरिद्वार रेलवे स्टेशन से एक-डेढ़ किलोमीटर दूर उत्तर-पश्चिम में एक प्राचीन मंदिर है जिसका नाम बिल्वकेश्वर महादेव है। उदासी सम्प्रदाय के साधु-सन्त इसके संरक्षक हैं। मंदिर के पास फूंस की झोपड़ियों में रहते हैं। एक बरसाती नाला पहाड़ों से उतरता हुआ यहां मैदान में फैल गया है। गरमियों में यह सूखा पड़ा रहता है। किसी समय यहां बिल्व के वृक्षों का बड़ा जंगल था। इसीलिए इस स्थान का नाम बिल्वकेश्वर पड़ गया। तिपतिया बेलपत्र महादेवजी को प्रिय है और पूजा में समर्पित किया जाता है। बिल्वकेश्वर से जंगलों और शिवालक पहाड़ियों की शृंखला शुरू हो जाती है। अनेक प्रकार के जंगली पशु-पक्षियों का यह घर है।

एक बार गंगा दशहरा पर्व पर दोपहर बारह बजे के आस-पास हम लोग मंदिर के अहाते में पहुंचे। मैंने देखा कि वहां एक मादा सांभर खड़ी थी। मंदिर के चारों ओर कोई चारदिवारी नहीं थी। रात को जंगल के जानवर वहां विश्राम करने आ जाया करते थे। सांभर को खड़ी देख उदासी अखाड़े के कुत्ते उस पर लपके।

आकार और देह की गठन में सांभर सबसे बड़ा भारतीय हिरण है। इसकी औसत ऊंचाई लगभग 140 सेण्टीमीटर होती है। युवा नर सांभर का वज़न 325 किलोग्राम तक हो जाता है। लम्बाई 210 सेण्टीमीटर तक होती है। नर सांभर के सींग 129 सेण्टीमीटर लंबे होते हैं। नर और मादा दोनों की गरदन भरी हुई होती है। सांभर अपनी मोटी गरदन को सीधा ऊपर तानकर रखते हैं। इससे वे रोबीले जानवर दीखते हैं।

मंदिर वाली सांभर ने गरदन इस तरह सामने झुका ली थी कि सिर से पूंछ तक क़रीब-क़रीब सीधी रेखा बन रही थी। वह अपने खुरों को ज़मीन पर बार-बार पटक रही थी। यह सब कुत्तों को डराने के लिए कर रही थी। कुत्ते हालांकि तीन थे, लेकिन उन्होंने एक बार भी उसकी देह पर दांत मारने की हिम्मत नहीं की। वे सचमुच सांभर से डर रहे थे। सांभर भी कुत्तों से डर रही थी। एक सयाना पुजारी यात्रियों को पूजा कराने शहर से आया हुआ था। वह बोलाः 'यह पागल

हो गई है। इसीलिए जंगल से निकलकर मनुष्यों के बीच आ गई है।' मैंने ग़ौर किया कि इस समय उसकी चाल भी अजीब-सी बन गई थी। जंगल में शेर या वन-कुत्ते जब सांभर का पीछा करते हैं तब वह ऐसी हरकतों से उन्हें डराती है।'

मंदिर के पास ही जंगल की चौकी थी। वहां से फ़ौरेस्ट गार्ड रस्सा ले आया। वह उसे बांध लेना चाहता था। मंदिर से आधा किलोमीटर आगे नाले के दाहिने पहाड़ पर एक गुफा थी। उसमें एक अवधूत रहते थे। वह पिछले बीस बरसों से वहां तप कर रहे थे। कुछ यात्री उनके पास दौड़े गए। अवधूत की गुफा के नीचे एक जलकुण्ड में गर्मियों में भी थोड़ा-बहुत पानी बचा रहता था। वहां शेर भी प्यास बुझाने आया करते थे और हिरण भी। अवधूत ने सहज भाव से यात्रियों को बताया: 'गर्मी से सताई हुई सांभर पानी की तलाश में निकली थी। रास्ते में शेर का ख़तरा दिखाई दिया। वह शंकर भगवान् की शरण लेने मंदिर में पहुंच गई। शंकर सबका कल्याण जो करते हैं।'

सांभर अपनी आज़ादी खोना नहीं चाहती थी। फ़ौरेस्ट गार्ड को अपनी तरफ़ आता देखकर उसने गरदन सीधी खड़ी कर ली। वह सरपट नाले में उतर गई। फ़ौरेस्ट गार्ड उसके पीछे भागा। कुत्तों को हुश्-हुश् करके उकसाया। पहाड़ी ढलान पर रुण्ड-मुण्ड खड़े पेड़ों के बीच से सांभर ऊपर चढ़ती गई। धीरे-धीरे उसकी चाल धीमी पड़ गई। कुत्तों और आदमियों के ख़तरे से वह आगे निकल गई थी।

सत्रह

बगैर सूंड का हाथी का बच्चा ?

जोसेफ़ डेल्मोण्ड जंगलों से ज़िन्दा जानवर पकड़ा करता था। उन दिनों उसने अफ़्रीका के एक जंगल में डेरा डाल रखा था। एक दिन अफ़्रीकियों ने उसे सूचना दी कि बगैर सूंड का एक बच्चा हाथियों के झुण्ड में घूम रहा है और वह रंग का सफ़ेद है।

यह समाचार बड़ा उत्तेजक था। डेल्मोण्ड ने सोचा कि यदि वह पकड़ में आ जाए तो सितारा ही बदल जाएगा। छः आदिवासियों के साथ वे उस जंगल में गए। परिस्थितियां उनके अनुकूल थीं। छः घण्टों की तलाश के बाद उन्हें वह

झुण्ड मिल गया। एक टेकड़ी से वे हाथियों को देख रहे थे। उस झुण्ड में ग्यारह हाथी थे। पेड़ों को उखाड़ने और टहनियां खाने में वे लगे हुए थे। एक आदिवासी ने एक बड़ी हथिनी की टांगों के बीच एक छोटे बच्चे की ओर इशारा किया।

हाथियों के सामान्य बच्चों से यह एकदम जुदा था। इसका रंग बहुत अधिक

हलका था। कुछ देर बाद उसने अपना मुंह आगन्तुकों की ओर घुमाया। यद्यपि बहुत स्पष्ट तो नहीं देखा जा सका, परन्तु जो दिखाई दिया उससे यह तो ज़ाहिर हो गया कि उसकी सूंड वास्तव में नदारद है। हथिनी की विशाल देह के नीचे अन्धेरे में बच्चे के सिर की ठीक-ठीक शक्ल दिखाई नहीं दी। सभी लोग बेहद उत्सुक हो गए थे। दूरबीन से लगातार उस पर निगाह रखने लगे। एक बार जब वह कुछ प्रकाश में आया तब पता चला कि यह प्राणी हाथी तो किसी सूरत में नहीं है।

हथिनी मां की तरह उसे दूध पिलाती थी, उसकी रक्षा करती थी, सूंड से धकेलकर उसे हांक ले जाती थी। उसे अपनी आंख से ओझल नहीं होने देती थी। धैर्य से प्रतीक्षा करने पर खोजियों को पता चला कि वह गेंडे का बच्चा है।

यह कहना कठिन है कि यह अद्भुत मेल कैसे हुआ। यह प्रकृति की सबसे विचित्र पहेलियों में से एक है। हो सकता है कि अपनी मां से गेंडे का बच्चा जब अलग हुआ हो उन्हीं दिनों हथिनी का बच्चा मर गया हो। मां की तलाश करता हुआ छोटा गेंडा तब हाथियों के झुण्ड में मिल गया हो।

अठारह

सांभर का शिकार

ढोरों को उठाकर ले जाने वाला कोई-कोई शेर ऐसा होता है जो शोर मचाने पर भी लाश को खाना नहीं छोड़ता। आमतौर पर पालतू ढोर को मारने पर शेर अपने को अपराधी महसूस करता है। ज़रा-सा खटका होने पर वह चोर की तरह भाग जाता है। परन्तु जंगली जानवर को मारने पर ऐसी बात नहीं होती। वह जानता

है कि यह मनुष्य की सम्पत्ति नहीं, मेरी सम्पत्ति है। इसलिए उसके नज़दीक जाने पर वह कभी-कभी एतराज़ करता है। गुर्राकर अपनी नाराज़गी प्रकट करता है। यदि इतना कारगर न साबित हुआ तो वह भयानक रूप से गरजता है। इसके साथ ही वह कुछ-कुछ क़दमों की दौड़ लगाता है। इन चेतावनियों की परवाह न की जाए

तो वह हमला कर देता है।

टूरिस्टों के लिए शेरबोजी में शेर का प्रदर्शन किया जाता था। सरकण्डे के घने जंगल के बीच में एक चौड़ी पट्टी साफ़ कर रखी थी। इसके बीच में पड्डा बांधा जाता था। शेर के भोजन के लिए जो जानवर बांधा जाता है उसे चारा कहते हैं। पास के मचानों के ऊपर टूरिस्ट बैठ जाते थे। सरकण्डों के बीच में से शेर निकलकर चारे पर आ जाया करता था। 1966 में शेरबोजी में रहने वाली एक शेरनी को चारे पर आने के लिए सधाया गया था। उसके साथ एक साल की उम्र के दो बच्चे भी थे। रात साढ़े नौ और बारह बजे के बीच वे चारे पर आते थे। पड्डे को मारकर घसीट ले जाते थे। खूंटे से कोई पांच-छह मीटर दूर सरकण्डे के झुण्डों के अन्दर छिपकर वे उसे खा लेते थे। एक रात छोड़कर उन्हें चारा दिया जाता था।

शेर-परिवार के तीनों सदस्य बड़े हो गए थे। उनका पेट भरने के लिए चारा काफ़ी नहीं होता था। कभी-कबाह चारा देने में नागा भी हो जाता था।

अपने परिवार की ज़रूरत को पूरा करने के लिए शेरनी दूसरे भोजन की टोह में भी रहने लगी। एक रात उसने पहले बंधा हुआ पड्डा मारा। हमेशा वह सरकण्डों के बीच में खाया करती थी। उस रात उसे घसीटकर रामगंगा की धारा के किनारे ले जाने लगी। मई का गरम महीना था। उसने सोचा था कि पेटभर खाने के बाद सभी सदस्य छककर धारा का ताज़ा पानी पिएंगे और वहीं मझाड़े में फ़र्न की ठण्डी वनिका में लोट रहेंगे। आधे रास्ते में उसे शेर की आवाज़ सुनाई दी। यह शेर साथ के वन-ब्लौक से दौरे पर निकला था। उसका आज का दौरा शेरबोजी में लगना था। शेरनी को डर था कि वह उससे चारा छीन लेगा। इस आशंका से उसने आधा खाया हुआ पड्डा बीच में ही छोड़ दिया। ऊला घास के अन्दर उसने लाश को छिपा दिया। शेर की टक्कर से बचने के लिए बच्चों को लेकर वह सीधी रामगंगा के पार उतर गई।

वहां उन्हें एक चीतल मिल गया जिसे मारने में वह कामयाब हो गई। उस दिन भाग्य उसका साथ दे रहा था। हवा का बहाव उत्तर से दक्खिन की ओर था। गंगा के तट पर प्यास बुझाने के लिए आने वाले हिरणों को पता ही नहीं चला कि क़लम-घास के झुण्डों के बीच में शेरनी दावत उड़ा रही है। पौ फ़ट गई थी। प्यास बुझाकर लौटते हुए एक तृप्त और सन्तुष्ट सांभर पर वह टूट पड़ी। इस बार भी क़िस्मत ने उसका साथ दिया। उसने सांभर को मार गिराया।

इतने में पालतू हथिनियों पर सवार टूरिस्टों व कैमरामैनों के दल वहां पहुंच गए। सुबह रस्सी का हांका करके सरकण्डे के झुण्डों में से शेर को निकाला जाता था। इस हांके में वह सदा पट्टी के एक तरफ़ के झुण्डों में से निकलकर दूसरी तरफ़ के झुण्डों में चली जाया करती थी। ख़ाली पट्टी पर उसे बच्चों के साथ देखकर

दर्शकों को सन्तोष हो जाया करता था। आज उसका बरताव जुदा था। चारे में मिलने वाले पड्डे के बारे में वह सोचती थी कि वह मनुष्य की कृपास्वरूप मिलने वाला उपहार है। परन्तु सांभर के बारे में उसने सोचा कि यह विशुद्ध रूप से उसके निजी पराक्रम से जुटाया हुआ फल है। इसलिए वह टूरिस्टों को देखकर गुर्राती हुई आगे बढ़ी।

उन्नीस

रसोई में शरण

जयपुर से क़रीब बारह किलोमीटर दूर जगतपुर रेलवे स्टेशन है। रेल विभाग का रेस्ट हाउस उसके नज़दीक ही है। विभाग के एक अफ़सर बी. एस. नाग वहां ठहरे हुए थे।

पांच एप्रिल, 1968 की बात है। प्रभाती चाय के लिए वे रेस्ट हाउस की रसोई में जा रहे थे। दरवाज़े के अन्दर पैर रखते ही उन्हें मेज़ के नीचे एक चितकबरी पूंछ दिखाई दी। कोने में पड़ी मेज़ के नीचे कुछ अन्धेरा था, इसलिए वहां बैठे हुए जीव पर उनकी निगाह नहीं पड़ी।

पूंछ ने उनकी उत्सुकता बढ़ा दी थी। दुबारा चौकस आंखों से मेज़ के नीचे टटोला। वहां एक तेंदुए को लेटा पाया। उन्होंने तुरन्त दरवाज़े की कुण्डी चढ़ाकर ताला लगा दिया।

बिन बुलाए अचानक आ टपके इस मेहमान को वे छोड़ना नहीं चाहते थे। उससे निपटने के लिए उन्होंने झट पुलिस के अफ़सरों और वन-विभाग के अफ़सरों

को ख़बर कर दी।

ख़बर मिलते ही डिविज़नल फ़ौरेस्ट अफ़सर और कन्ज़र्वेटर औफ़ फ़ौरेस्ट पिंजरा लेकर चल दिए। उनके पहुंचने से पहले ही पुलिस सुपरिण्टेडेण्ट रेस्ट हाउस पर पहुंच गए थे। उन्होंने 3.3 राइफ़ल से दो गोलियां दाग़ कर तेंदुए को मार दिया।

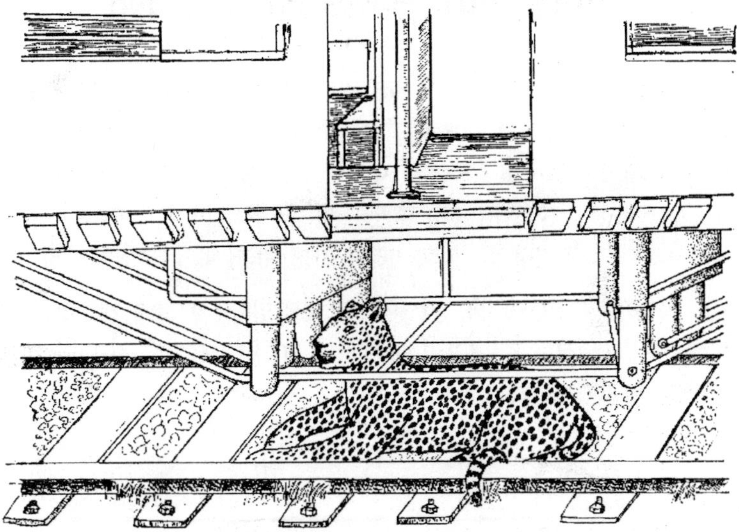

यह मादा तेंदुआ थी। गांव वाले बताते हैं कि वह सागानेर हवाई अड्डे के साथ लगे घने जंगल से निकल आई थी। रेस्ट हाउस की रसोई में शरण लेने से पहले बड़े सवेरे वह साइडिंग में खड़ी एक ट्रेन के नीचे छिपी बैठी थी।

पिछले दिनों आस-पास के गांवों में एक तेंदुए को अक्सर बन्दरों का शिकार करते हुए देखा गया था। देहातियों का ख़याल था कि वह यही तेंदुआ थी।

बीस

गीदड़ और कबाब वाली पतीली

गीदड़ सर्वभक्षी जानवर है। फल, सब्ज़ी गोश्त जो कुछ मिले उसे खा लेते हैं। रसीले कीड़ों, सुण्डियों और कीड़ों को खाने में भी हतक नहीं समझते। मौसम के फलों को ख़ूब खाते हैं। सरदियों में इन्हें जंगल में लाल बेर भरपूर मिल जाते हैं। इन खट-मिट्ठे सुगन्धित फलों में गूदा नाममात्र का होता है। फल का अधिक भाग कठोर गुठली होती है। गीदड़ गुठली समेत साबुत फलों को निगल जाते हैं।

गरमियों में तेंदू के पके हुए सुगन्धित फल ज़मीन पर झड़े रहते हैं। उन्हें बीजों समेत खा जाते हैं। गीदड़ों के मलों में बेर और तेंदू की अनपची साबुत गुठलियों के ढेर पड़े रहते हैं।

ख़रबूजा, तरबूज, ककड़ी आदि की पलेज़ों पर ये हमले करते हैं। इन रसीले फलों को चाव से खाते हैं। गन्ने के खेतों में घुसकर गन्ने चूसते हैं।

सरदियों में कौफ़ी के बगीचों में जमा हो जाते हैं। मकई आदि अनेक प्रकार की फ़सलों को बहुत नुकसान करते हैं। 1976 में हिमाचल प्रदेश सरकार के पौधों

की रक्षा करने वाले अधिकारियों को सोलन ज़िले में मकई, गन्ना और हरी सब्ज़ियों की फ़सलों को बचाने के लिए *गीदड़ मारो* अभियान चलाना पड़ा था।

प्रायः सांझ के झुटपुटे में गीदड़ बाहर निकलते हैं और पौ फटने से पहले अपने बसेरों में चले जाते हैं। ठण्डे और बदली मौसम में ये दिन में उठ सकते हैं और भोजन की तलाश में जा सकते हैं। मरे हुए ढोरों की लाशें गांव के बाहर फेंक दी जाती हैं। उनकी तलाश में ये रात को गांवों के बाहर चक्कर लगाते हैं। कैसा भी सड़ा-गला और दुर्गन्धित मांस पड़ा हुआ मिल जाए, ये इसे खाकर सन्तुष्ट हो जाते हैं।

जंगलों में भी गीदड़ मरे हुए जानवरों को खा जाते हैं। इससे वन और पर्यावरण स्वच्छ रहता है। नेशनल पार्कों, फ़ौजी छावनियों और गांवों की रसोई की फेंकी हुई जूठन और कचरा खाने के लिए रात को बाहरी रिहाइशों में चक्कर लगाते फिरते हैं।

1962 में मैं उत्तर प्रदेश के कौर्बेट नेशनल पार्क में जंगली हाथियों के फ़ोटो खींच रहा था। तब तक हमारे संग्रह में गीदड़ का कोई बढ़िया फ़ोटो नहीं था। मैं तड़के ही पार्क की हथिनी पर जंगल में निकल जाया करता था। गीदड़ के फ़ोटो खींचने के इरादे से मैंने महावत को कहा कि एक रोज़ हथिनी को उस वन-खण्ड में ले चलो जहां गीदड़ दिखाई दे जाए।

महावत बोला, 'इस चोर के फ़ोटो लेकर क्या करेंगे, साहिब' यह उचक्का तो पतीली भी नहीं छोड़ता। एक रात बचा हुआ कबाब पतीली में ढककर मैं सो गया। सुबह उठा तो पतीली नदारद थी। मेरी झोपड़ी में दरवाज़ा था ही नहीं। दूसरी झोपड़ियों का भी यही हाल था। बस, यह समझिए कि यहां रामराज था।

'पीलख़ाने के तीस-पैंतीस बाशिन्दे में मैं किस पर चोरी का शक करता। कहीं हमसाए ऐसी बेजा हरकत किया करते हैं।'

'मेरी तमाम उम्र इसी पार्क में गुज़र गई है। मज़ाल है किसी की सुई भी कभी उठाई गई हो'। बूढ़ा महावत अपनी हथिनी को साल वृक्षों के ठण्डे जंगल में बढ़ाए ले जा रहा था। और कबाब वाली पतीली के दिलचस्प क़िस्से को भी।

'पीलख़ाने के पीछे नया जंगल लगाया गया था। तीन साल के पौधे कन्धे से ऊपर चले गए थे। सुबह ट्रेकर उसमें निबटने गया। उसने वहां एक गीदड़ को पतीली पर चिपटे देखा। उसे वह मुंह में उठाकर ले गया था। एकान्त में तसल्ली से दावत उड़ा रहा था।

'ट्रेकर ने जब देखा तब वह मोटी हड्डी के टुकड़े को दाढ़ों में चबाने की कोशिश कर रहा था। हड्डी के अन्दर भरी हुई मज्जा पर उसकी लार टपक रही थी। हड्डी की तीखी नोकें कभी-कभी उसके मुख में चुभ जातीं। चुभन से कुछ कतरे ख़ून निकल

कर हड्डी पर लग जाता। उपर से चाटते हुए उसे ऐसा मज़ा आता जैसा जानवर के ताज़ा ख़ून चाटने में आता है। 'हड्डी को चबाते गीदड़ का मुंह थक जाता तो वह फिर पतीली चाटने लगता था'।

इक्कीस

पंचायती भैंसे का शेरों से युद्ध

शेर का शिकार करने के लिए एक बार एक कटरा बांधा गया। रात को एक शेरनी ने उसे मार लिया। उसके कराहने की आवाज़ रात के सन्नाटे में दूर तक जा रही थी। पास ही कहीं एक भैंसा अकेला चर रहा था। उसने कटरे की आवाज़ सुनी। वह सीधा उधर लपका। शेरनी को देखकर वह डरा नहीं। उलटे, उसे मारने दौड़ा शेरनी मारण को छोड़कर भाग गई। उसके बाद वह सारी रात लाश की चौकसी में खड़ा रहा। अगली सुबह शिकारियों ने उसे देखा तो भगा दिया।

अगले दिन एक नया कटरा बांधा गया। वह भैंसा उसी जंगल में चरा करता था। वह ख़ूब पला हुआ और तगड़ा था। उसका मालिक जानता था कि शेर उसका बाल बांका नहीं कर सकता। वह पंचायती भैंसा था और सर्विस के काम आता

था। बचपन से ही उसे खेतों में मनमुताबिक खाने की छूट थी। उसे कभी खूंटे पर नहीं बांधा गया था। फ़सलों को खाते हुए जब उसका मन भर जाता था तब वह जंगल की घास-पत्ती खाने चला जाया करता था।

कटरे को बांधकर शिकारी चले गए। चारों ओर सन्नाटा फैल गया। कातर स्वर में कटरा पुकारने लगा। भैंसा फिर रक्षा के लिए दौड़ा। कटरे की आवाज़ को शेरनी ने भी सुना, वह उसे मारने दौड़ी। रक्षक और भक्षक दोनों का मैंदान में आमना-सामना हो गया। भैंसे ने शेरनी को पास नहीं फटकने दिया और कटरे को बचा लिया।

तीसरी रात भी उस वनखण्ड में नाटक का यह दृश्य कामयाबी के साथ खेला गया और सुबह भैंसा उसी तरह कटरे की रक्षा में खड़ा पाया गया। चौथी रात शेरनी ने अपनी सहायता के लिए शेर को बुला लिया। शेर और शेरनी दोनों अपनी भरी जवानी में थे। भैंसा फिर भी उनसे डरा नहीं। आख़िर था तो यमराज का वाहन। उसने उनकी चुनौती स्वीकार कर ली।

सारी रात घमासान लड़ाई हुई। शेर भैंसे के नोकिले सींगों से डरते थे। इसलिए सामने से हमला करने में कतराते थे। बलशाली भैंसे के सीगों की एक चोट भी जिस शेर को लग जाती वह मैदान में ठहर नहीं सकता था। इसलिए वे उस पर पीछे से हमला करते रहे थे। भैंसे की दुलत्तियों से बचते हुए उसकी पिछली टांगों को काट रहे थे।

सुबह शिकारी जब वहां पहुंचे तब शेर वहीं मौजूद थे। शिकारियों को देखकर वे जंगल में चले गए। भैंसा अब भी पूरा मरा नहीं था। वह आख़िरी सांस ले रहा था। उसकी पिछली दोनों टांगें टूटी हुई थीं। विजयी शेरों ने उसे अभी खाना शुरू नहीं किया था। कटरा उसी तरह खूंटे पर बंधा खड़ा था। शेरों ने उसे छुआ तक नहीं था। अपने दुश्मन से निपटने में उन्हें सारी रात लग गई थी।

बाईस

ख़ानाबदोशों की ज़िन्दगी

शेर के बच्चे जब चलने-फिरने लायक़ हो जाते हैं तब अपना-स्थान छोड़कर मां के साथ चल पड़ते हैं। तब उनका कोई स्थाई घर नहीं रहता। वे ख़ानाबदोशों की तरह ज़िन्दगी बसर करते हैं। कभी इस झाड़खण्ड में और कभी उस झाड़खण्ड में छिपे रहते हैं। और शिकार की तलाश में फ़िरते रहते हैं। छिपने की किसी अच्छी जगह पर बच्चों का जीवन चुपचाप घण्टों मां की प्रतीक्षा करते बीतता है। कई बार तो वे अनेक दिनों तक मां की बाट जोहते रहते हैं। शिकार मारकर जब वह लौटती है तब उन्हें भोजन के लिए अपने साथ ले जाती है।

बच्चे जब सोए रहते हैं तब मां अपने शिकार मारने के काम से कभी-कभी छुट्टी भी मना लेती है। एक शेर-प0रिवार ने रात्रि में एक चीतल खाया। यह हिरण इतना छोटा होता है कि अगले दिन इस परिवार को और भोजन की ज़रूरत थी।

परन्तु उस शाम को शिकार पर निकलने की बजाय शेरनी घास में लोट लगाने लगी। उसकी पीठ घास पर थी और टांगें आसमान की ओर उठी हुई थीं। बच्चे उसके चारों ओर युद्ध के अभ्यासों में मगन थे। एक बच्चा मां के पेट पर चढ़ गया। दूसरा भी उसके पीछे-पीछे आ गया। मां ने कोमलता से उसकी कलई पकड़कर उसे परे कर दिया। इतने में तीसरा उसके मुख पर पहुंच गया और कान को कुतरने लगा।

अगले सारा दिन भी ये प्राणी गहरी घास में लोट लगाते रहे। सूरज ढलने लगा। घर लौटती हुई गायों के खुरों की धूल आसमान में फैल गई। बच्चों को छोड़कर शेरनी अकेली ही शिकार पर चल पड़ी। भाग्य ने उसका साथ दिया। क़रीब एक घण्टे में ही उसे एक भैंस मारने में सफ़लता मिल गई। गांव से भटककर भैंस इधर चली आई। इससे शेर परिवार को और दो दिन भोजन मिल गया।

ज्यों-ज्यों बच्चे बड़े होते जाते हैं, मां को ज़रा फ़ुर्सत नहीं मिलती। घाटियों और जंगलों में भटकने वाले अपने शावक-कुल के लिए भरपूर भोजन जुटाने में उसे बड़ी मुश्किलें उठानी पड़ती हैं। जब बच्चे एक साल बड़े हो जाते हैं तब उन्हें एक चीतल के बराबर आकार के जानवर की हररोज़ ज़रूरत होती है। मां के लिए इतना प्रबन्ध करना बहुत कठिन होता है।

यह शेरनी रात को सबसे नज़दीक के गांव में जाकर ढोरों के अहातों पर

बार-बार धावा बोलने लगी। गांव वाले परेशान हो गए। उन्होंने वहां से सभी ढोर हटा लिए। शेरनी ने एक शेड के अन्दर घुसकर एक मेमने को उठा लिया। परिवार के साथ पर्याप्त भोजन न मिल सकने के कारण नर बच्चा अपने पैरों पर खड़ा होने के लिए अलग हो गया। अपनी सहोदर बहिनों में यह सबसे बड़ा था। यद्यपि वह अनुभवहीन था, परन्तु भूख से उसके इरादों को पक्का बना दिया था। एक

रात गांव में घुसकर उसने एक पालतू सूअर को दबोच लिया। एक रात उसने एक मुर्गीख़ाने को तोड़कर उसके पांचों निवासियों को खा लिया। इस पर भी वह अपने परिवार से सम्पर्क बनाए रखता था। बड़ी दावतों के समय वह उनके साथ शामिल हो जाता था।

तेईस

गेंडे और शेरों का युद्ध

असम में ब्रह्मपुत्र नदी के दक्षिणी किनारे काज़ीरंगा नेशनल पार्क के जंगल फैले हैं। इनमें गेंडे, हाथी, जंगली भैंसें, गौर, कई प्रकार के हिरण, शेर आदि जानवर रहते हैं। यहां का मुख्य आकर्षण गेंडे हैं।

1886 के काज़ीरंगा से अड़तालीस किलोमीटर दूर गोलाघाट में एक फ़ौजी अफ़सर सरकारी ड्यूटी पर तैनात था। वह हाथी पर काज़ीरंगा गया। उसका उद्देश्य गेंडे का शिकार करना था।

तलाश करने पर उसे एक गेंडा मिल गया। हाथी से ऊंची घास से बाहर निकलकर वह मैदान में चर रहा था। फ़ौजी ने ताबड़तोड़ एक दर्जन गोलियां गेंडे पर दाग़ दीं। ज़ाहिर है कि इस प्राणी के शिकार की तकनीक से अफ़सर वाकिफ़ नहीं था। वरना उसे इतनी बेरहमी से दनादन गोलियां चलाने की ज़रूरत न पड़ती।

गेंडा ज़ख़्मी तो हो गया पर जंगल में भाग गया। ऊंची घास पर शाम का अन्धेरा उतर आया था। अफ़सर अपने कैम्प पर लौट आया।

अगली सुबह वह ज़ख़्मी गेंडे की तलाश में निकला। वह सोच रहा था कि बारह गोलियां खाकर ख़ून बहाता हुआ बलशाली प्राणी गरमी में भाग तो गया था, पर अब तक वह दम तोड़ चुका होगा। ज़िन्दा भी होगा तो किसी झील के किनारे असहाय पड़ा हुआ आख़िरी सांसें ले रहा होगा। मेरी एक गोली उसका काम तमाम कर देगी। मैं उसका सींग निकाल लूंगा। वह बेशक़ीमती सींग जिसके चमत्कारी गुणों की चर्चाएं उसने शिकारियों से सुनी थीं। इसकी ऊंची क़ीमत का अन्दाज़ इस बात से होगा कि तराज़ू के एक पलड़े में सींग रखा जाता है और दूसरे पलड़े में सोना। ज़रूरतमन्द ग्राहक बराबर भार का सोना देकर सींग ख़रीद लेता है।

ज़ख़्मों से टपके हुए ख़ून से बनी रेखा के साथ-साथ वह उसकी टोह में चल पड़ा। अचानक उसे अपना शिकार दिखाई दे गया। हैरानी की बात थी कि ज़ख़्मी

गेंडा दो शेरों के साथ लड़ रहा था। बहादुर गेंडे की चोटों से दोनों शेर ज़ख़्मी तो हो गए थे; पर उन्हें भरोसा था कि जीत उनकी ही होगी। गेंडे को मारकर वे कई दिन दावत उड़ाएंगे।

गेंडे का तथाकथित सींग वास्तव में सींग नहीं होता। वह आपस में चिपके हुए बालों का गुच्छा होता है जो ऊपरले ओठ की चमड़ी से उगा होता है। ढोरों और हिरणों के सींग हड्डी से उगे होते हैं। इन्हें वे लड़ाई में इस्तेमाल करते हैं। इनके प्रहार से दुश्मन को ज़ख़्मी कर देते हैं।

गेंडे के दो दांत बढ़कर लम्बे हो जाते हैं। वे हाथी के उद्दन्तों के समान कठोर और पैने होते हैं। इनका वह खञ्जर के समान प्रयोग कर ज़बर्दस्त चोट कर सकता है।

दो शेरों से भिड़ने वाला ज़ख़्मी गेंडा अपने मुंह के ऊपर लगे इन्हीं खञ्जरों से लड़ रहा था। दोनों शेर पंजों में लगे तेज़ नाख़ूनों और कील जैसे नोकीले किल्ले दांतों से लैस थे। फिर भी वे गेंडे को पटकी नहीं दे पाए थे।

इस विलक्षण दृश्य को देखकर फ़ौजी अफ़सर चकित रह गया। ख़ून की प्यासी उसकी फ़ौजी राइफ़ल की मार के अन्दर अब तीन शिकार मौजूद थे। तीनों एक-से-एक लुभावने थे। निशाना साधने से पहले ही बुद्धिमान् शेर बन्दूकधारी आदमी को देखकर झाड़ियों में ग़ायब हो गए। बेचारा गेंडा प्रत्युत्पन्नमति नहीं था। फ़ौजी ने मारकर शिकार की हवस पूरी कर ली।

चौबीस

चूज़े की मां कबूतरी

राजौरी गार्डन की एक कोठी में कबूतरों की एक जोड़ी ने घोंसला बनाया। बिलकुल बेढंगा था। कुछ तिनके रोशनदान में जमा कर लिए गए थे। उस घर में एक चंचल बालक रहता था जो हायर सेकेण्ड्री में जीव विज्ञान के पाठ पढ़ा करता था। उसने यह पढ़ा था कि मुर्ग़ियां तथा दूसरे पंछी ग़ैर जाति के पंछियों के अण्डों को से लिया करते हैं।

मेज़ पर स्टूल रखकर वह रोशनदान में बने कबूतर के घोंसले का कभी-कभी मुआयना कर लिया करता था। एक दिन उसने एक अण्डा घोंसले में देखा। उस

घर के मुर्ग़ीखाने में उस दिन मुर्ग़ियों के अण्डे भी मौजूद थे। उसने एक ताज़े अण्डे के साथ कबूतर का अण्डा बदल दिया। कबूतरों को इसका पता नहीं चला। उन्होंने उसे अपना अण्डा समझकर सेना शुरू कर दिया। कबूतर और कबूतरी बारी-बारी से लगातार तेईस दिन तक उसे सेते रहे। जब अण्डा फूटा तब उसमें से मुर्ग़ी

का चूज़ा निकल आया। कबूतर और कबूतरी इतने भोले और सीधे थे कि चूज़े को अपना बच्चा ही समझते रहे। बड़ी मेहनत से उन्होंने चोंच में चुग्गा लाकर उसे खिलाना शुरू किया।

कबूतर का बच्चा धीरे-धीरे बढ़ता है और काफ़ी दिनों के बाद चलने लायक़ होता है। यह चूज़ा पैदा होने के साथ ही चंचल और चुस्त था। जन्म के तीसरे ही दिन उसने अपने घोंसले की छोटी-सी जगह को छोड़ दिया। स्वभाव से वह एक जगह बैठा नहीं रह सकता था। हिम्मत बटोरकर वह रोशनदान से कूदा और धरती पर विचरने लगा।

आंगन के एक कोने में मुर्ग़ियों के बाड़े थे। उधर से जब मुर्ग़ियों की आवाज़ चूज़े को सुनाई दी तब वह उनकी तरफ़ भागा। बेचारी कबूतरी भी उसके पीछे-पीछे भागी। अपनी बिरादरी में मिलने के लिए चूज़ा मुर्ग़ियों के बाड़े में घुसने की कोशिश करने लगा। लेकिन बिरादरी वालों ने उसे चोंचें मार-मारकर घायल कर दिया।

कबूतरी की ममता में कोई कमी नहीं आई। वह उसके पीछे लगी रही। उसे अपने घोंसले में वापस लाने की कोशिश करती रही। वह रोशनदान से उड़कर नीचे ज़मीन पर आती। उसके साथ लाड़-प्यार करती और दाने ला-लाकर सारा दिन उसके मुंह में डालती रहती। चूज़ा अपनी कबूतरी मां को पहचानता था, उससे खाना भी लेता रहता था। परंतु उससे मेलजोल बढ़ाने को राज़ी नहीं था। वह अपनी बिरादरी में ही खप जाना चाहता था, और बिरादरी उसे अछूते की तरह अपने में मिलाने को तैयार नहीं थी।

पच्चीस

सुहागरात में बुरे फ़ंसे

कौर्बेट नेशनल पार्क में जाने वाले पर्यटकों में एक बार नया शादी- शुदा जोड़ा आया। ये लोग मुम्बई से सुहागरात मनाने यहां आए थे। पार्क के ढिकाला परिसर में ठहरे थे। दरअसल ये नैनीताल जा रहे थे। पार्क की शौहरत सुनकर सैर-सपाटे के लिए दो दिन यहीं ठहर गए थे।

पार्क की पालतू हथिनी मालनकली पर हौदा कसा गया। ये उस पर सवार होकर जंगल देखने निकल पड़े। महावत के अलावा बन्दूकधारी एक गेम गार्ड भी

इनके साथ हौदे पर बैठा था। उस दिन के कार्यक्रम में इस दम्पति को रामगंगा पार करके शीशम के मझाड़े में सांभर और पाढ़े (हौग डीयर) के झुण्ड दिखाना था। रामगंगा की उथली धाराओं को पार करने के लिए कोई निश्चित स्थान तो है नहीं, बोल्डरों से बचने के लिए हाथी किसी भी कुण्ड में से नदी को पार कर जाता है।

कुण्ड के तल में प्रायः रेत होती है। जिस पर चलने में हाथी को तकलीफ़ नहीं होती।

ऐसे ही एक कुण्ड को पार करती हुई मालनकली बीच में फ़ंस गई। तल में गहरा कीचड़ था। उसे निकालने की महावत की सब कोशिशें बेकार गईं। मुम्बई का यह युगल बेहद घबरा गया। गेम गार्ड ने एक-एक करके इन्हें पीठ पर उठाकर धारा पार की। उसके बाद हौदे को उतार कर किनारे पर रख दिया।

महावत सोचता था कि बोझ हलका होने पर मालनकली शायद निकल जाए। उसने अंकुश से प्रहार किए। हथिनी ने भी अपना पूरा ज़ोर मारा। लेकिन बाहर निकलने की बजाय वह और अधिक कीचड़ में धंसती गई। अपनी बिगड़ती दशा को देखकर वह बेहद घबरा गई और बार-बार चिंग्घाड़ने लगी। तट पर खड़े नवदम्पति की मानसिक दशा तो पहले ही बिगड़ चुकी थी, अब उनकी देह से भी पसीना छूटने लगा। हथिनी की दिल दहलाने वाली चिंग्घाड़ को सुनकर वे कांप उठते, और एक-दूसरे से चिपट जाते।

अपनी ज़िम्मेदारी की गम्भीरता को महसूस करता हुआ गेम गार्ड तरह-तरह के उपाय सोचने लगा। इतने में मझाड़े के झुरमुटों में से जंगली हाथियों की चिंग्घाड़ सुनाई दी। कीचड़ में फ़ंसी हुई हथिनी की चिंग्घाड़ के जवाब में यह आवाज़ थी। जंगली हाथियों ने सहायता के लिए जल्दी आने का यह संकेत दिया था। क्षण भर में ही दो जंगली दन्तुर मझाड़े में से निकलकर दूर तक फैली हुई सफ़ेद बालू पर चढ़ते हुए दिखाई दिए। सुहागरात बिताने आया हुआ युगल इतना भयभीत हो गया था कि निस्संज्ञ-सा होकर वहीं गिर पड़ा। कुछ अंगों पर उनका नियंत्रण जाता रहा।

गेम गार्ड विचलित नहीं हुआ। हवाई फ़ायर करके उसने जंगली हाथियों को खदेड़ा पार्क से मदद मंगाई और जैसे तैसे इस विपत्ति से हथिनी को उबारने में सफलता मिली।

छब्बीस

चील और धामन की हवाई लड़ाई

नई दिल्ली के लोदी होटल के आस-पास पेड़-पौधे इतने अधिक उगे हुए हैं कि उनमें सांप, नेवले, ख़रगोश आदि जंगली जीवों को पलने का मौक़ा मिलता रहता है। जंगल के एक तरफ़ कूड़े का ढेर लगा हुआ है। इसमें होटल और होस्टल का कचरा डाला जाता है। कूड़े में झींगुर और तरह-तरह के कीड़े पनपते रहते हैं। गिलहरियों, जंगली चूहों और नेवलों को वहां सहज ही भरपेट भोजन मिल जाता है। आसमान में मण्डराती हुई चीलें कूड़े पर नज़र फेंक लिया करती हैं। उन्हें जब मांस का कचरा दीख जाता है तब वे झटपट कर उसे उठा ले जाती हैं और किसी गगनचुम्बी इमारत की मुंडेर पर बैठकर इतमीनान से अपनी पैनी चोंच से नोच-नोचकर खा जाती हैं। इस इलाक़े में से गुज़रने वाली सड़कों पर राहगीरों की गहमागहमी रहती है। आसमान में उड़ती हुई चील के पंजों में किसी जीव की लम्बी आंतें लटकती हुई अक्सर दीख पड़ती हैं। ग्यारह एप्रिल, 1973 को रामनवमी के दिन लोगों ने इन आंतों जैसी लम्बी रस्सी को शैतान की आंतों का रूप धारण करते देखा। यह शैतान घोड़ापछाड़ सांप था जिसे सामान्यतया धामन कहते हैं। अंग्रेज़ी में इसका नाम रैट स्नेक और प्राणिकी में *प्तीअस मुकोसुस* (लिनिअस़) है। यह क़रीब 2.60 मीटर लम्बा, हण्टर जैसे गठे हुए शरीर वाला, मूषकभोजी और तेज़ दौड़ने वाला है। सपेरे कहा करते हैं कि दौड़ में यह भागते हुए घोड़े को भी पछाड़ देता है। इसके मुख में न ज़हरीले दांत होते हैं और न ज़हर की पोटली। फिर भी, यह दुश्मन पर बड़े ज़ोर से चोट करता है।

कूड़े के ढेर में भोजन करने के लिए आने वाले चूहे अपने बिलों से निकलकर एक ही रास्ते पर आते-जाते हैं। घास के नीचे सुरंगें बन गई हैं जो उनके रास्तों की सूचक हैं। उस दिन धामन अपने बिल से निकलकर चूहों को खाने आया था। उस समय एक चील भी आसमान में मण्डरा रही थी। जो नीचे अपना भोजन तलाश कर रही थी। चीलों की लम्बी आहार-तालिका में सांप भी आते हैं। उसने जब धामन को देखा तब झपटकर उठा लिया। वह किसी मकान की छत पर बैठकर उसे आराम से खाना चाहती थी। लेकिन धामन न पहले ही जवाबी हमला बोल

दिया और आसमान में ज़बर्दस्त संग्राम छिड़ गया।

दरअसल, चील के पहले हमले में एक मामूली-सी त्रुटि रह गई थी जिससे वायु-संग्राम के सारे दांव-पेंच ही बदल गए थे। चालीस-पैंतालीस सेण्टीमीटर लम्बे नेट्रिक्स आदि सांपों का शिकार करते हुए मैंने चील को देखा है। धरती पर रेंगते हुए ज़िन्दा सांप को वह सदा पूंछ से पकड़कर उड़ जाती है। उस समय सांप अधर

में लटका होता है। पूंछ से पकड़कर उठाया हुआ सांप मुंह को ऊपर उठाकर चील तक नहीं पहुंच सकता। इस तरह चील सांप के हमले से बची रहती है। हवा में छटपटाते हुए सांप की रीढ़ की हड्डियों के जोड़ ढीले पड़ जाते हैं। उलटा लटका हुआ सांप जब निढाल और शिथिल पड़ जाता है तथा प्रतिरोध करने लायक़ नहीं

रहता तो वह मुंडेर पर बैठकर उसे खाने लगती है।

इस धामन पर जब चील ने झपट्टा मारा तब उसकी गिरफ़्त में पूंछ की जगह गरदन आ गई। हबड़ा-दबड़ी में वह उसे ले उड़ी। सांप को जब मुंह से पकड़कर उठाया जाता है तब वह अपने समूचे ज़िस्म को ऊपर उठाकर हमारी बांह को लपेट लिया करता है। इस द्वन्द्व-युद्ध में हालात धामन के हक में थे। उसने झट अपनी कुण्डलियों में चील को लपेट लिया। चील ने अपनी पैनी चोंच से उसे काटना शुरू किया। कालजेवड़ी के बन्धन से मुक्त होने का केवल यही रास्ता था कि किसी तरह काटकर उसके दो टुकड़े कर दिए जाए। मृत्यु-संग्राम में दोनों अपने दांव चला रहे थे। दोनों के पास अत्यन्त सीमित युद्ध-साधन थे।

जिस वेग से चील ने झपट्टा मारकर धामन को उठाया था, उसी फुर्ती से धामन ने जवाबी हमला किया था। उसकी एक कुण्डली ने चील की गरदन को

लपेट लिया था। चील बिलकुल बेबस हो गई थी। छटपटाती हुई वह धड़ाम से नीचे आ गिरी। उसके ऊपर पेच की चूड़ियों की तरह लिपटा हुआ धामन भी नीचे आ गया। धामन आज घोड़ा-पछाड़ की बजाय चील-पछाड़ बन गया था। मरी हुई

चील को छोड़कर धामन भाग खड़ा हुआ।

लोदी होटल के सामने सड़क के पार मिर्ज़ा ग़ालिब की समाधि के आगे वाले मैदान में ढलती दोपहर में तीन बजे यह ड्रामा खेला जा रहा था। ज़ाहिर है कि ऐसे दिलचस्प दृश्य भाग्य से ही देखने को नसीब होते हैं। पैदल जाने वाले और साइकिल सवार तमाशा देखने खड़े हो गए।

रेंगते हुए धामन पर एक साथ दर्जन भर चीलें टूट पड़ी। वे मरी हुई चील की ग़लती नहीं दुहराना चाहती थीं। धामन झाड़ियों में पनाह पाने की कोशिश कर रहा था। उसने जंगल का यह क़ानून ख़ूब अच्छी तरह समझ लिया था : 'जीवो जीवस्य भोजनम्।' चीलों की व्यूह-रचना में से वह बेदाग़ निकलना चाहता था। यदि वह अधिक ज़ख़्मी हो जाता तो ज़ख़्मों में कीड़े पड़ जाते और नन्हीं चींटियों के दल उस पर टूट पड़ते।

संग्राम में शानदार विजय प्राप्त करने के बावजूद भी दैव ने उसका साथ न दिया। तमाशाइयों ने पत्थर मारने शुरू किए। इस घातक बौछार के आगे वह टिक न सका। देखते-ही-देखते उसकी लम्बी बेलनाकार चमकीली चिकनी देह बुरी तरह कुचली गई। इन जाहिलों को क्या मालूम कि प्रकृति के काम में दख़ल देकर इन्होंने इन्सान के एक दोस्त की हत्या कर दी है : ऐसा दोस्त जो इन्सान के ख़ौफ़नाक दुश्मन चूहों को खाकर प्रकृति में सन्तुलन बनाए रखता है।

सत्ताईस

प्रेयसी के लिए काले दैत्यों में युद्ध

घनी झाड़ियों के जंगल के साथ झाड़-झंखाड़ काटकर कुछ ज़मीन साफ़ की गई थी। वनवासी इसे तप्पड़ कहते हैं।

झुरमुट से एक बड़ा भालू उलटे पांव तप्पड़ में आया। अचानक रुका और पूरे वेग से झुरमुट की ओर झपटा। गुर्राने का ऊंचा शोर उठा। फिर शमशान की-सी चुप्पी छा गई।

एक फ्रांसीसी शिकारी बन्दूक के साथ जंगल में घूम रहा था। झुरमुट के परदे के अन्दर और तप्पड़ में उसने जो कुछ सुना और देखा वह दिलचस्प था। भारत के जंगलों में शिकार करने के दौरान यह नई बात थी। वह छिप गया और चुपचाप अगली घटना का इन्तज़ार करने लगा। यह 1913 की घटना थी। तब हमारे जंगलों में जानवरों की गहमागहम थी।

दूसरा भालू झुरमुट से निकलकर तप्पड़ में आया। शिकारी के ठीक सामने अडोल खड़ा हो गया। उसका सिर नीचे की ओर था और रीढ़ के बाल खड़े थे। उसने शिकारी को नहीं देखा। शिकारी के ठीक सामने ही तेज़ी से भागता हुआ दूसरा भालू आ गया। पहले वाले भालू ने बन्दूक की गोली के समान सीधा उस पर वार किया।

दोनों काले दैत्य तगड़े थे। एक सौ पन्द्रह किलोग्राम वज़नी तो होंगे ही। बारी-बारी से वे एक-दूसरे पर वार कर रहे थे। लड़ते हुए वे कभी छिपे हुए शिकारी के बिल्कुल नज़दीक आ जाते और कभी जंगल में ताक़त आज़माते रहते। कोई पन्द्रह मिनट तक उनकी भिड़न्त चलती रही।

यदि एक जैसे आकार के और एक जैसे ताक़तवर नर भालू लड़ रहे हों तो समझना चाहिए कि पारिवारिक कलह को निपटाने के लिए लड़ रहे हैं।

एक मादा भालू पर उनकी तकरार हो रही थी। जिसे दोनों ही अपनी जीवन-संगिनी बनाना चाहते थे। युद्धरत ये भालू भी प्रेयसी को पाने के लिए बेकरार थे और

प्रतिद्वन्द्वी को जान से मारने पर आमादा थे।

कामासक्त भालू एक-दूसरे पर पूरी ताक़त से वार कर रहे थे। गुत्थमगुत्था होते समय उनके सिर ऊंचे उठे रहते थे। पिछाड़ा घोड़ों के समान पिछली टांगों पर खड़ा था। ठोडियां मिली थीं। दोनों एक-दूसरे को करवट के बल गिराना चाहते

थे। वे कुछ देर लड़कर रुक गए। आराम करने के लिए एक-दूसरे से कुछ मीटर अलग, चुप और निश्चल खड़े रहे। एक-दूसरे से स्पर्श होते ही घुरघुराने लगे।

जब तक दोनों के सिर ऊंचे खड़े रहें और कोई भी दूसरे को करवट के बल पटकी न दे पा रहा हो तब तक दोनों की बहुत कम क्षति होती है।

इस मल्ल युद्ध में एक बार एक भालू ने अपनी थूंथनी दूसरे की छाती के नीचे घुसेड़ दी और उसे अविश्वसनीय फ़ुर्ती से उठा लिया।

ऊपर वाले ने उसके कन्धे के सिरे पर बार-बार काटना शुरू किया। दर्द के मारे निचले मल्ल ने उसे नीचे दे पटका। उसके गिरने के साथ ही निचला भालू हावी हो गया। उसे बाज़ू पर वार करने का मौक़ा मिल गया। वह पूरी ताक़त से लपका।

इस गुत्थमगुत्था में दोनों, अखाड़े के पहलवानों के समान एक-दूसरे से चिपटे लुढ़क रहे थे। इस छोटी-सी मुठभेड़ को अखाड़े में उठती हुई धूल के गुब्बार में साफ़-साफ़ नहीं देखा जा सका। अलग होकर दोनों पशु क़रीब एक मीटर की दूरी

पर एक-दूसरे को घूर रहे थे, और दांत किटकिटा रहे थे। किसी को भी अधिक नुकसान नहीं पहुंचा था।

उन्होंने कभी भी सामने से सीधी टक्कर नहीं ली। पिछली टांगों पर तिरछे खड़े होकर बाज़ू में काटने की कोशिश करते रहे।

छिपा हुआ शिकारी बराबर के दोनों जोड़ों के दांव-पेच और युद्ध कौशल देखता रहा। दोनों पर बने घावों को सावधानी से ग़ौर करता रहा। फिर उसने एक को शूट कर लिया। उसने देखा कि रीछनी के दोनों प्रतिद्वन्द्वियों की देह पर एक जैसे ही घाव बने थे। कुछ घाव गरदन के पास निचले जबड़े के आख़िर में थे। अधिकतर घाव कन्धों पर और पसलियों पर बने थे। बाज़ुओं पर भी घाव थे। उसके आगे पीठ पर नहीं थे।

ज़ोर-आज़माई के समय यदि कोई दख़ल देता तो दोनों आपसी झगड़ा छोड़कर उस पर पिल पड़ते। लेकिन पचास मीटर से ज़्यादा दूर वाले शिकारी की तरफ़

उनका ध्यान नहीं गया। छिपा हुआ शिकारी प्रकट हो जाता और चिल्ला पड़ता तो भालू कुछ देर हतप्रभ खड़े हो जाते। एक भालू झुरमुटों की तरफ़ रुख़ करता तो दूसरा शिकारी पर पिल पड़ता।

अट्ठाईस

दामिनी के वियोग में चम्पा की मौत

जुलाई, 1998 में गोरखपुर में एक ज़मींदार के पास पालतू हथिनी थी। इसका नाम दामिनी था और उम्र पचपन साल। सरकारी क़ानून के अनुसार इसे पालने की इज़ाज़त लेना ज़रूरी था। ज़मींदार ने इज़ाज़त नहीं ली थी। इसलिए इसे ज़ब्त कर लिया गया और लखनऊ चिड़ियाघर में भेज दिया गया।

जिस घेरे में इसे रखा गया वहां तीस साल की एक हथिनी चम्पा भी रहती थी। दोनों में दोस्ती हो गई। चम्पा गर्भवती थी। उसका काम चिड़ियाघर में आए दर्शकों को सैर कराना था। गर्भ में शिशु जब बड़ा हो जाता है तब उसे ड्यूटी से छुट्टी दे दी जाती है।

इक्कीस सितम्बर, 1998 से वह छुट्टी पर थी। उसने पहली बार गर्भ धारण किया था। लखनऊ में आने से पहले वह दुधवा नेशनल पार्क में टूरिस्टों को जंगल में घुमाने का काम करती थी।

जंगल में आज़ाद घूमने वाले झुण्डों में जब कोई गर्भवती हथिनी बच्चे को जन्म दे रही होती है तब उसकी अनुभवी मौसियां उसे घेरे रहती हैं, दायी का काम करती हैं।

हथिनियां अक्सर खड़े-खड़े बच्चा देती हैं। ऊंचाई से गिरते हुए कोमल शिशु को चोट लग सकती है। अस्सी से सौ किलोग्राम भारी शिशु की चोट लगने से मौत भी हो सकती है। दायी का कार्य करने वाली मौसियां अपनी सूंड को वहां रखकर गद्दा-सा बना लेती हैं जो आघात-सह का काम करता है।

मां के पेट से निकला गर्भ-शिशु गर्भाशय की भीतरी झिल्ली के एक बड़े थैले के अन्दर बन्द रहता है। मौसी इस झिल्ली को तोड़कर जातक को निकालती है।

शिशु का जन्म होने से पहले भी मौसी गर्भवती के साथ रहती है। पीड़ाओं को धैर्य से बर्दाश्त करने के लिए ढाढस बंधाती रहती है। नए जन्मे बच्चे की देखभाल करने में मां को मदद करती है।

चिड़ियाघर में ये सब काम चम्पा के लिए दामिनी कर रही थी।

चम्पा जब पीड़ा से व्याकुल होती तब दामिनी झट उसके पास चली जाती। सूंड के खुले हुए मुख को उसके गाल पर रखकर चुम्बन देती। कराहती हुई चम्पा को प्यार भरे शीतल स्पर्श से कुछ सान्त्वना मिलती।

दामिनी तभी चारा खाती जब चम्पा खा लेती। बाड़े के अन्दर बेचैन चम्पा जब चहल-क़दमी करने लगती, दामिनी उसके साथ रहती।

चम्पा को आमतौर पर रात में दर्दें हुआ करती थीं। उनत्तीस नवम्बर से उसे दर्दें शुरू हुई थीं। क़रीब पन्द्रह दिन में एक बार उसे दर्द के दौरे हुआ करते थे। लेकिन अब एक या दो दिन बाद होने लगे।

दुधवा में किसी वन-कर्मचारी ने उसे जोड़ा बनाते नहीं देखा था। इसलिए प्रसव की आनुमानित तिथि के सम्बन्ध में कुछ पता नहीं था।

उच्च स्तनपायियों में सामाजिक बन्धन बहुत मज़बूत होते हैं और इनका समाज मातृप्रधान होता है। ऐसी पारिवारिक भावना के कारण दामिनी का चम्पा के साथ लगाव था, वह उसके दुःखदर्दों के प्रति बहुत संवेदनशील थी।

इन दिनों चम्पा को खाने के लिए ढाई क्विंटल हरा चारा, एक क्विंटल गन्ना, आठ किलोग्राम ज्वार और बाजरा की रोटी दी जाती थी। उसके पयोधरों में दूध पैदा करने के लिए विटामिन, नमक तथा खनिज दिए जाते थे।

चिड़ियाघर के अधिकारी चम्पा की विशिष्ट जानवर के समान देखभाल कर रहे थे जिससे वह तन्दुरुस्त बनी रहे और स्वस्थ बच्चे को जन्म दे।

सभी कोशिशों के बावजूद चम्पा के गर्भ के शिशु को बचाया नहीं जा सका। उसने मरे हुए बच्चे को जन्म दिया। शिशु को जन्म देने की प्रक्रिया में चम्पा भी चल बसी।

दामिनी को इस बात का गहरा सदमा लगा। मरे हुए शिशु का जन्म उससे देखा नहीं गया। चम्पा को वह अपनी बेटी की तरह प्यार करती थी। उसकी आंखों के सामने बेटी ने दम तोड़ दिया था।

चम्पा की मौत ग्यारह एप्रिल, 1999 को हुई थी। दामिनी नौ दिनों तक वहीं खड़ी रही, चुपचाप। न कुछ खाती थी, न पीती थी उसकी आंखों से आंसू बहते रहते थे। लगातार खड़े रहने से उसके पैरों में सूजन आ गई थी। जब और खड़े रहना असम्भव हो गया तब वह लेट गई, आंखों से आंसू बहते रहे।

लखनऊ की झुलसाती गर्मी में तापमान चवालीस डिग्री सेल्सियस चल रहा था।

आहार और पानी के बिना दामिनी की चमड़ी झूलकर लटक गई। गर्मी से उसके शरीर पर फुंसियां निकल आईं। लेकिन वह नहीं उठी। सूनी आंखों से ताकती रही। न किसी बात का जवाब देती, न कोई हरकत करती। अपने महावत तक के पुचकारने पर कोई प्रतिक्रिया नहीं दिखाती। सिर्फ़ देखती और रोती। आख़िर चौबीसवें दिन उसने प्राण त्याग दिए। अपनी बेटी के लिए जो प्रेम या वेदना उसके मन में थी उस तक इन्सान शायद ही कभी पहुंच पाता हो।

उनतीस

मालिक के विछोह में नेवले की मृत्यु

एक अंग्रेज़ भारत में सरकारी अफ़सर था। वह ऊंचे ओहदे पर काम करता था। वह उस ज़माने के अंग्रेज़ अफ़सरों के समान तफ़री के लिए जंगलों में शिकार के लिए जाया करता था। उसका नाम रौबर्ट ए० स्टेण्डाले था।

उसने एक नेवला पाल रखा था। बंगले में वह खुला घूमता-फ़िरता था। स्टेण्डाले ने उसे पाला तो शौक़िया था, पर वह उनके लिए बहुत उपयोगी साबित हुआ। स्टोर रूम में या कहीं भी चूहे की हलचल होने पर वह झट उधर जाता। चूहे को मारकर ही दम लेता। चूहों को मारने में वह कुशल था।

बंगले के बग़ीचे में नेवले के दौरे लगा करते थे। वहां उसने कई सांप मारे। सांप को मारने का उसका अज़ीब तरीक़ा था। झपटकर वह पहले उससे छेड़ख़ानी करता था। सांप अपने बचाव के लिए तैयार हो जाता था। अपना सिर उठाकर नेवले को डराने की कोशिश करता था। नेवला हमले की ताक में रहता था। अविश्वसनीय फ़ुर्ती से सरीसृप के सिर पर कूद पड़ता था। क़ुदरत से मिली सहज बुद्धि से नेवला जानता था कि जिस सांप से वह जूझ रहा है वह विषैला है या निर्विष। सांप विषैला है तो वह विशेष सावधानी बरतता था।

एक बार नेवले की संहारक शक्ति को समुद्री सांपों पर आज़माया गया। ये ज़हरीले सांप थे। नेवला एक-एक करके उनके सिरों को कचर-कचर चबा गया।

उसके कामों को ग़ौर करने पर नेवलों की बहुत-सी आदतों का ज्ञान होता था। वह एकदम साफ़-सुथरा रहता था। खाने के बाद अपने नाख़ूनों से दांतो को कुरेदता था। उनके बीच फ़ंसे आहार के कतरों को वैसे ही साफ़ करता था जैसे मनुष्य करता है।

जंगली नेवले सड़े-गले मांस को खा जाते हैं। परन्तु स्टेण्डाले का पालतू नेवला किसी घिनौनी दुर्गन्धित चीज़ को छूता तक न था। ताज़े पकाए हुए शिकार का यह बहुत शौक़ीन था।

अण्डों का उसे चस्का था। अगले पंजों में उठाकर अण्डे के छोटे सिरे पर एक नन्हा सुराख बना लेता था। उसके बीच में से वह द्रव को चूस जाता था।

इंग्लैण्ड जाते समय स्टेण्डाले उसे अपने साथ ले गए। जहाज़ पर यात्रा करने वाले सभी नाविक उसे स्नेह करने लगे थे। उसकी अजीब हरकतों को वे ग़ौर से देखते थे। वे उसे कुर्सी पर बैठाकर उसके सिर पर टोपी पहना देते थे।

एक सैनिक उसे फ़ौजी आदेश देता था – 'सावधान, गोली चलाओ, घूम जाओ, कूद जाओ ...।' इसी तरह के छोटे-छोटे कई करतब दिखाकर वह जहाज़ के यात्रियों का मनोरंजन करता था।

स्टेण्डाले के पास यह नेवला लगातार तीन बरस तक रहा। दौरों पर भी वह मालिक के साथ जाया करता था। एक बार कुछ समय के लिए उसे छोड़कर उन्हें जाना पड़ा। जिस दिन वह मालिक से अलग हुआ उसने भोजन का परित्याग कर दिया वह विछोह में मर गया।

तीस

बन्दूक काम नहीं आई

मदारी भालू का हमला करने का तरीक़ा सब जगह एक समान नहीं है। उत्तरी भारत में यह खड़े होकर हमला करता है। असम में ऐसी बात नहीं। असम में पहाड़ी प्रदेश, नागा पर्वत, लुशई पर्वत, गारो पर्वत, मिश्मी पर्वत आदि स्थानों में मदारी भालू द्वारा हमला किए गए कई आदमियों से पूछा गया है। सभी का कहना

है कि वह हमला करने के लिए खड़ा नहीं होता, लेकिन तेज़ी से झपटता है और मनुष्य को नीचे गिराकर उसके सिर पर हमला कर सकता है तथा कपाल को क्षति पहुंचा सकता है। इन लोगों के अनुसार वह जांघ या जो भी हिस्सा सबसे पहले सामने पड़ता है उसे फाड़ सकता है।

एक बूढ़े लुशई ने एक शौट गन द्वारा एक भालू पर गोली चलाई। वह ज़ख़्मी हो गया। अगली सुबह कुछ साथियों को लेकर लुशई उसे तलाश करने निकला।

उसे देखकर लुशई ने गोली चलाई पर निशाना चूक गया। भालू झपटा और उसने उसे नीचे गिरा लिया। आदमी ने उठने की कोशिश की तो भालू ने उसकी पीठ और नितम्बों को काट लिया। उसका दाहिना हाथ भी उसकी पकड़ में आ गया। उसने अंगूठा काट लिया। दूसरे लुशई सहायता के लिए आ गए और उन्होंने भाले से उसे मार दिया।

उस प्रदेश में मदारी भालू द्वारा ज़ख़्मी किए हुए क़रीब बीस लोगों ने इसी से मिलती-जुलती आप बीती सुनाई थी।

सर्वे अफ़सर के पास काला कौकर स्पेनिअल था। घास के अन्दर एक काली चीज़ को अपनी तरफ़ आता देखकर उसने सोचा भी नहीं था कि उसे भालू के झपट्टे का सामना करना पड़ सकता है। बन्दूक को सम्हालने से पहले ही यह अप्रत्याशित हमला हो गया। वह गिरा दिया गया। भालू ने उसकी दाहिनी जांघ, घुटने के जोड़ से ऊपर, काटनी शुरू कर दी। वह बेहोश हो गया। चेतना आने पर उसने चिल्ला कर कुलियों को पुकारा। वे सब डरकर भाग गए थे। चिल्लाहट से भालू वापस आ गया और उस पर पिल पड़ा। चेहरा बचाने के लिए उसने अपनी दायीं बांह आगे कर दी। उसे भालू ने बुरी तरह चबा लिया। बांयी बांह को भी उसने काट

लिया वह फिर बेहोश हो गया। सन्ध्या आने पर वह पेड़ के ऊपर चढ़ने के लिए बढ़ा। भालू तीसरी बार आया। इस बार वह निचले रास्ते पर चला गया, उसने आदमी को छोड़ दिया। आदमी दूसरी दिशा में भागा, लेकिन कुछ ही दूर जाकर गिर पड़ा।

होश में आने पर उसने अपने को एक स्ट्रेचर पर लेटा पाया। उसे उठाने के लिए कुलियों ने बांस का स्ट्रेचर बना लिया था। इसके ऊपर उसने तीन दिन सफ़र किया। ज़ख़्मों में से इतनी सख़्त दुर्गन्ध उठने लगी थी कि उसके पास खड़ा होना मुश्किल हो गया था। रास्ते में पड़ने वाले गांवों से दूध लेकर उसे तीन दिन

तक पिलाया जाता रहा था। वह बताता था कि जब वह ज़मीन पर गिरा हुआ था, एक अन्य भालू भी वहां खड़ा था। पर उसने हमला नहीं किया। वह बच्चा था।

पोटैशियम परमेग्नेट को गरम पानी में घोलकर उसके ज़ख़्मों को साफ़ कर दिया गया और उसे मोटर द्वारा 122 किलोमीटर दूर शिलांग के मिशन हौस्पिटल में पहुंचा दिया गया। उसकी टांग और दाहिनी बांह बिलकुल ठीक हो गए परन्तु बांयी बांह मारी गई थी।

इकतीस

बीमार सिंह का इलाज

मई, 1976 को खोखरा में लौयन-शो किया जा रहा था। यहां इन दिनों नौ सिंहों के एक लेहड़े ने डेरा डाल रखा था। उस दिन वे एक पूरी भैंस खा गए थे। लौयन-शो के प्रबन्धक चाहते थे कि यह लेहड़ा इस इलाक़े में ही रहे। मई के महीने में लौयन-शो में आने वाले टूरिस्टों का ज़ोर था। उन्हें इन सिंहों को देखकर सन्तोष हो जाता था। सासन गिर के रेस्ट-हाउस से खोखरा था भी नज़दीक। कुल पांच या सात किलोमीटर टूरिस्टों को यहां आसानी से ले जाया जा सकता था।

खोखरा में लेहड़े को रोके रखने के लिए उसे चारा देना ज़रूरी था। चारा मिलने की आशा में सिंह उस जगह के आस-पास ही रहने लगते हैं।

उस दिन भैंस खिलाने के बाद अगले रोज़ सुबह छः बजे मैं उन्हें फिर देखने गया। नाले के अन्दर वे सो रहे थे। पुकारने पर बाहर आ गए। भैंस के बचे हुए भागों से गोश्त खाने लगे। इनका पेट भरा हुआ था। हरेक सिंह ने बीस-पच्चीस किलोग्राम गोश्त रातभर में खा लिया था। लाश पर कौए आ गए थे। उन्हें वे खाने नहीं देना चाहते थे। इसलिए उन्हें भगा रहे थे।

मुझे मालूम था कि सिंहों का पेट भरा हुआ है। इसलिए वे भोजन की तलाश में दूसरी जगह नहीं जाएंगे। शाम को यहीं पर लौयन-शो कर लिया जाएगा।

दोपहर बाद तीन बजे मैं फिर यहां पहुंचा। नाले में करौंदी के झुरमुट के अन्दर सिंह सोए पड़े थे। उन्हें यहां से निकालकर खुले तप्पड़ में ले जाना था। जहां टूरिस्ट भलीभांति देख सकें।

इन्हें लुभाने के लिए हम एक भेड़ ले गए थे। शिकारी अपने मुख से भेड़ की आवाज़ करने लगा। ये शिकारी भेड़, बकरी, भैंस, सूअर आदि जानवरों की बोलियों की हू-बहू नकल कर लेते हैं। सिंह समझते हैं कि सचमुच ज़िन्दा जानवर बोल रहा है। झुरमुट में पसरे हुए सिंहों को हमारे साथ खड़ी हुई भेड़ तो नज़र नहीं आ रही थी। भेड़ की आवाज़ सुनाई दे रही थी। सोए हुए सिंह उठ बैठे। भेड़ का लालच देकर हम उन्हें खुले में ले गए। कई पार्टियां आईं और सिंहों को

देखकर लौट गईं। सूरज ढल गया; शो ख़त्म हो गया। टूरिस्ट चले गए।

सिंहों की भेड़ पर टकटकी बंधी थी। उनके भोजन का वक़्त हो गया था। वे अधीर हो उठे थे। हम लोग बातों में मग्न थे। एक बड़ा सिंह पीछे से दबे पांव आगे बढ़ा। किसी का भी उधर ध्यान नहीं था। उसने खीमा के हाथ से भेड़ छीन ली। झट भाग गया। मैंने सिंह की दिलेरी की दाद दी।

लेहड़े में यह सबसे बड़ा सिंह था। सीधा-सादा और सरल स्वभाव का। इसलिए इसका नाम भगत रखा हुआ था। वह लेहड़े के छोटे सिंहों का ध्यान रखता था। शिकार मारने में मैंने उसे अक्सर बच्चों की मदद करते हुए देखा था। उन्हें शिकार करने की ट्रेनिंग देता था। मैंने उसे सदा सन्तोषी सिंह पाया था। बच्चे जब शिकार खा रहे होते थे तब वह एक तरफ़ बैठा रहता था। उनका पेट भर जाने पर ही बचे-खुचे को खाकर सन्तुष्ट हो जाता था।

कल इस परिवार ने छककर खाया था। इसलिए आज इन्हें खाना न भी मिलता तो कोई बात न थी। यह सोचकर भगत ने अकेले ही भेड़ को खाना शुरू कर दिया।

अगले दिन नज़र मुहम्मद ने मुझे बताया कि भगत बीमार हो गया है। सासन गिर में सिंहों की देखभाल के लिए चौदह शिकारी तैनात हैं। नज़र मुहम्मद उनका अध्यक्ष है। मामूली शिकारी से तरक्की करते हुए यह हेड शिकारी बन गया है। इसकी नज़र बहुत तेज़ है। झाड़ियों में छिपे जानवरों को भी खोज लेती है। सुबह जब वह दौरे पर गया था तब उसने भगत को लेहड़े से अलग पलाश के पेड़ के नीचे बैठे देखा था। उसे अपने पास देखकर भगत उठा, लड़खड़ा कर दो क़दम चला, फिर बैठ गया। नज़र जान नहीं सका कि पेट में दर्द के कारण वह ठीक तरह चल नहीं पा रहा, अथवा पिछाड़े में किसी तकलीफ़ के कारण अपने शरीर को सम्भाल नहीं पा रहा।

शाम को मैंने उसे ग़ौर से देखा। दो दिन पहले मैंने उसे अगले बांए पंजे को दांतों से कुरेदते देखा था। तब मेरा ख़याल था कि पंजे में कांटा चुभ गया है, उसे वह दांतों से खींचकर निकालने की कोशिश कर रहा है। आज पता चला कि उसकी अगली नहीं, पिछली दाहिनी टांग दुख रही है। उसके पुट्ठे में सूजन थी। वहां ज़ख़्म तो कोई था नहीं। पिछली रात फांक का पीछा करते हुए वह बण्डी से गिर गया था। अभयवन की बाउण्ड्री वाल (चारदीवारी) को यहां के लोग बण्डी कहते हैं। छोटे-बड़े पत्थरों को एक-दूसरे के ऊपर बिठाकर तीन सौ किलोमीटर लम्बी, क़रीब डेढ़ मीटर ऊंची और इतनी ही चौड़ी बण्डी बनाई गई है। पत्थरों को सीमेण्ट या गारे से चिना नहीं गया। इसके बन जाने से गांवों के ढोर अभयवन के अन्दर नहीं घुसते। वे बण्डी को कूदकर आरपार नहीं जा सकते। सिंहो और हिरणों की गति में आमतौर पर बण्डी से कोई रुकावट नहीं पड़ती। चौदह मई की रात जान बचाने के लिए भागता हुआ एक झाक बण्डीं से टकर गया। उसके साथ भगत भी टकराया। बण्डी का एक पत्थर खिसक कर भगत के कूल्हे से जा टकराया। उसे ऐसी गुम चोट लगी कि वह चलने से लाचार हो गया।

गिर के जंगलों में सिंहों के बीमार होने की घटनाएं पहले भी कई बार हुई हैं। छोटी-मोटी बीमारी का शिकारी ख़ुद इलाज कर लेते हैं। शिकारी भी सिंहों के समान दिलेर हैं। म्याऊं के गले में घण्टी बांधने से वे कतराते नहीं। सिंहों और शिकारियों के बीच एक-दूसरे के प्रति डर और शक भी नहीं रहा।

हमने जंगल से आवले के आधा किलोग्राम पत्ते तोड़ लिए। उसमें ढाई सौ ग्राम मैदा लकड़ी मिलाई। एक कनस्तर और एक पतीला लेकर हम इन जड़ी-बूटियों को जंगल में ले गए। इन्हें कूटकर दो लिटर पानी में पकाया। जब आधा लिटर

पानी रह गया तब छान लिया। इस काढ़े में साठ ग्राम हल्दी और साठ ग्राम नमक मिलाकर एक उबाला दे दिया। भगत की दवा तैयार हो गई। इसे टिंक्चर आयोडीन की तरह एक फुरेरी की मदद से चोट पर लेप करना था।

मई महीने के अन्तिम दिन थे। अब तक एक भी बारिश नहीं हुई थी। सारा जंगल सूखा था। सागवान के पेड़ रुण्डमुण्ड खड़े थे। इन जंगलों में ढाक के पेड़ पर गरमियों में ही नए पत्ते आ जाते हैं। गरमी जितनी तेज़ होती है ढाक उतना ही हरा-भरा बना होता है। नाले के ऊपर मैदान में हमें ढाक का ऐसा ही पल्लवित पेड़ मिल गया। उसके ऊपर नज़र मुहम्मद पत्तों में छिपकर बैठ गया। इधर खीमा ने सागवान से पांच मीटर लम्बी और पतले बांस सरीखी एक टहनी काट ली थी। उसके एक सिरे पर खद्दर के चीथड़े बांध दिए थे। इन्हें दवा में तर कर दिया था। फ़ालतू दवा का पतीला भी नज़र ने अपने पास पेड़ के ऊपर रख लिया था।

भगत नाले के ढलान पर बैठा था। उसे नहीं पता चला कि ढाक के पेड़ पर कोई चढ़ा है। ढाक की एक झाड़ी के पीछे नरेश बेदी ने अपनी जगह बना ली। स्टैण्ड पर अपने मूवी कैमरे को फ़िट कर लिया। मैंने स्टिल कैमरे सम्हाल लिए।

भगत को लुभाने के लिए हम एक बकरी ले गए थे। उसे नज़र के सामने सागवान के एक ठूंठ के साथ बांध दिया। नज़र से यह कोई चार मीटर दूर थी। हम सब तीस क़दम पीछे हटकर खड़े हो गए। बकरी को अकेला पाकर भगत उसकी तरफ़ बढ़ा। बकरी बाहर के किसी गांव से आई थी। उसने जंगल में सिंह को कभी देखा नहीं था। भगत को देखकर वह चिल्लाने लगी। रस्सी तुड़ाकर इधर-उधर भागने की कोशिश करने लगी। उसकी आंखें भगत की तरफ़ लगी थीं। अपने से कई गुना ताक़तवर जानवर को सामने देखकर भी वह हतप्रभ नहीं हुई। आत्मरक्षा के लिए वह इससे अधिक कर भी क्या सकती थी। जंगल एकदम शान्त था। हवा बन्द थी। पत्ता तक नहीं हिल रहा था।

पांच मिनट बाद भगत आ गया। वह लंगड़ाता हुआ चल रहा था। शिकार को दबोचने के लिए सिंह जिस तरह घात लगाता हुआ आगे बढ़ता है उसी तरह वह आगे बढ़ रहा था। एकटक बकरी को देख रहा था। एक झपट में उसने सीधा बकरी की गरदन को अपने दांतों में पकड़ लिया। उसने ज़ोर से गरदन को भींच रखा था। उसका पूरा ध्यान और शक्ति उसी में केन्द्रित थी। उसका मुंह हमारी तरफ़ था। पिछाड़ा ढाक के पेड़ की तरफ़ था। इसी समय नज़र ने लाठी नीचे

करके कोमलता से दवा का लेप कर दिया। अपने काम में भगत इतना मग्न था कि उसे दवा लगाने का पता ही नहीं चला।

एक बार स्वैब फेरकर नज़र ने लाठी ऊपर उठा ली। नज़र का काम पूरा नहीं हुआ था। कूल्हे के एक बड़े हिस्से पर सूजन थी। दवा ज़रा-सी लग पाई थी।

नज़र ने दवा में स्वैब को तर करके नीचे किया। तब तक भगत ने गरदन छोड़ दी थी। नज़र ने लाठी ऊपर उठा ली। लाठी के साथ-साथ भगत की निगाह भी ऊपर गई। उसने नज़र को देख लिया। वह बकरी को छोड़कर चार क़दम अलग जा बैठा। ज़मीन से नज़र क़रीब ढाई-तीन मीटर ऊपर बैठा था। भगत चाहता तो उसे उछलकर पकड़ सकता था।

भगत के चारों ओर सागवान के पतले पेड़ उगे थे। वह सिर उठाकर उन पत्रविहीन पेड़ों की फुंगलों की तरफ़ देखने लगा। वह देख रहा था कि वहां भी कोई आदमी तो नहीं बैठा। दो-चार बार देखने के बाद उसके मन का डर निकल गया। फिर भी वह बकरी को खाने नहीं बढ़ा। अंधेरा तेज़ी से फैल रहा था। फ़ौरेस्ट रोड पर वाहन की आवाज़ सुनाई दी। टूरिस्टों की आख़िरी टोली कमलेश्वर डैम

के लौयन-शो से लौट रही थी। हम लोग भी लौट गए।

एक दिन का उपचार लंगड़ी टांग को ठीक करने के लिए काफ़ी नहीं था। भगत का पुट्ठा सूजा हुआ था। बार-बार दवा लगाने से सूजन उतर सकती थी। लंगड़े सिंह का उपचार करने वाली पार्टी के साथ मैं हर रोज़ जंगल जाता। इस

साहसिक अभियान में हमारे सामने अनेक बाधाएं आईं। कुछ दिन के इलाज के बाद वह ठीक हो गया। एक दिन वह बड़े शिकार का पीछा कर रहा था। इससे मुझे सन्तोष हुआ। उसकी लंगड़ी टांग पूर्णतया स्वस्थ हो गई थी।

बत्तीस

केवल शिकार के मज़े के लिए

गुजरात का गिर नेशनल पार्क एशियाई सिंहों के लिए विख्यात है। पार्क के सागवाड़ी वनखण्ड में सिंहों का प्रदर्शन किया जा रहा था। सागवाड़ी में अलका नामक सिंहनी अपने परिवार के छह सदस्यों के साथ रहती थी।

प्रदर्शन में सिंहों को भोजन के लिए एक बकरी दी गई। उसे एक सदस्य ने खा लिया था। परिवार के बाक़ी सदस्य भूखे रह गए थे।

भोजन की तलाश में परिवार दूसरी जगह चला गया था। गेमगार्ड ने इधर-उधर निगाह दौड़ाई और बताया कि सोमासर की टैकड़ी के ऊपर सिंह बैठे होंगे। उसे अपनी बात की सच्चाई पर पूर्ण विश्वास था। हम लोग उधर बढ़ने लगे। टैकड़ी पर प्रभाती धूप की सुनहरी किरणें फैल गई थीं। उसमें सिंहों के सुनहरी अयाल निखर उठे थे। हमें देखकर सिंह नाले के झुरमुट में उतर गए। झाड़ियों में हलकी सरसराहट हुई। कोई जानवर भाग रहा था। अलका की निगाह उस पर पड़ गई। वह जानवर इतना छोटा था कि हमें नज़र नहीं आया। घाटी में अभी धूप नहीं उतरी थी। झुरमुटों के साये में जानवर का काला रंग घुल-मिल गया था। अलका भागी।

जानवर ने एक घनी झाड़ी के नीचे पनाह ले ली। दूसरे सिंहों ने भी चौकन्ने होकर झाड़ी को घेर लिया। मानक ने पंजा बढ़ाकर उसे पकड़ने की कोशिश की। पनाहगाह से वह भागा। अलका ने एक ही झपट्टे में उसे दबोच लिया। घुटनों तक ऊंची झाड़ियों के अन्दर जो ड्रामा खेला जा रहा था उसे हम साफ़-साफ़ नहीं देख पा रहे थे। झाड़ियों से ऊंचे सिंहों की हरकतें हमें साफ़ दिखाई दे रही थीं।

क़रीब साठ सेण्टीमीटर लम्बे बेलनाकार देह वाले जानवर को मुंह में उठाए अलका झाड़ियों में से निकली। जानवर की पूंछ भी उतनी ही लम्बी थी। यह मुष्कबिलाव था। जिसे कंजर लोग कबर बिज्जू कहते हैं। वे इसका गोश्त खा जाते हैं। इसको अंग्रेज़ी में स्मौल इण्डियन सिवेट कहते हैं। एक बार हरिद्वार के जंगलों में हमने इसके दो बच्चों को कंजरों के चुंगल से छुड़ाकर पाल लिया था।

झाड़ियों से बाहर आकर खुले में अलका ने मुष्कबिलाव को रखा। वह फ़िर जान बचाने के लिए भागा। सभी सिंह उस पर टूट पड़े। अलका उसे पकड़कर फिर मैदान में ले आई। उसने उसे बच्चों को खेलने के लिए दे दिया। मानक ने उनसे छीन लिया।

आठ महीने का मानक सब बच्चों में रौबीला था। वह किसी को मुष्कबिलाव के पास नहीं आने देता था। उसे ज़मीन पर रखकर उसकी प्रतिक्रियाएं देख रहा था।

चुपचाप लेटा हुआ प्राणी अपनी भौंहें चढ़ाकर अचानक झपट पड़ता था। मानक अपनी गरदन पीछे हटा लेता था। मानक का एक पंजा उसकी पूंछ के ऊपर रखा रहता था जिससे वह भाग न जाए। कुछ देर बाद उसे मुक्त कर देता था। कुछ क़दम भागने का मौक़ा देने के बाद वह उसे फिर दबोच लेता था। बाक़ी सिंह

उसके गिर्द घेरा बनाकर लेटे हुए थे। सिंहों से घिरा होने के बावजूद भी उस प्राणी ने जीने की आशा छोड़ी नहीं थी। सिंह भी उसे जान से मार नहीं रहे थे। वे उसके साथ खेल रहे थे, जो उसे महंगा पड़ रहा था। सिंह यद्यपि ऐसी हलकी झापट मारते थे कि उसे नुकसान न पहुंचे, लेकिन इस खेल में उसके अंजर-पंजर ढीले हो गए

थे। एक घण्टे में वह बिलकुल निढाल हो गया। मानक उसके सामने मुंह ज़मीन पर टेककर लेट गया। एक-एक करके सब सिंह चले गए। मानक ने एक-दो बार उसे दीप्ति को खेलने के लिए दे दिया। चूहे को मारकर बिल्ली जैसे देर तक खेलती रहती है उसी तरह ये महाबलिष्ठ जानवर अदने जीव के साथ क़रीब डेढ़ घण्टा खेलते रहे। टांगें आसमान की तरफ़ उठाकर मानक मस्ती में लेट जाता था। उसकी आंखें मुष्कबिलाव पर लगी रहती थीं।

धूप आ जाने पर मानक उठा। उसने मुष्कबिलाव के सिर को अपने मुंह में पकड़ा और जंगल की तरफ़ छाया में सोने के लिए चल दिया। दीप्ति उसके साथ थी। रास्ते में उसने एक जगह रखा और खाने के इरादे से दांत मारे।

इस दृश्य को देखने के बाद हम लंच के लिए रेस्ट हाउस चले गए। दुपहर बाद फिर लौटे। मुष्कबिलाव को सिंहों ने खाया नहीं था। उसे उठाकर रेस्ट हाउस ले आए। खाल उतारकर देखा। सिंहों के बीसियों दांत उसकी देह पर गढ़े थे। एक दांत ने उसके कपाल को बींध दिया था, जिससे उसकी मृत्यु हुई थी।

इस घटना से यह साफ़ ज़ाहिर था कि सिंहों ने महज़ आखेट का लुत्फ़ उठाने के लिए मुष्कबिलाव का शिकार किया था। उदरपूर्ति के लिए नहीं।

तेंतीस

पगले उदयगिरि को मृत्यु दण्ड

असम के वनों से हाथी का एक बच्चा पकड़ा गया। उस समय वह आठ साल का रहा होगा। उसका नाम उदयगिरि रखा गया।

भारत के राष्ट्रपति की गजशाला के लिए एक अच्छे हाथी की ज़रूरत थी। विशेष समारोहों में यह राष्ट्रपति की सवारी के काम आता था। राष्ट्रीय समारोहों में यह राष्ट्रपति की तरफ़ से भाग लेता था।

असम के काज़ीरंगा नेशनल पार्क में लम्बे उद्दन्तों वाला एक कद्दावर हाथी था। इसका नाम अकबर था। काज़ीरंगा के जंगली गेंडों की कभी-कभी अकबर से भिड़न्त हो जाती थी। अपने उद्दन्तों पर गेण्डे को उठाकर वह दूर पटक देता था। इस कार्यवाही में उसके ऊपर बैठी सवारियों का बालबांका भी न होता था।

असम में उदयगिरि को बड़ी सावधानी से अकबर के ढंग पर सधाया गया था। 1954 में उसे राष्ट्रपति की सेवा में देहली भेज दिया गया। 1956 में वह एक जुलूस की अगुवाई कर रहा था। तभी वह बीमार हो गया। बाद में वह निमोनिया की पकड़ में आ गया। अगले साल उसने अचानक अपने सेवादार को मार दिया। वह उसे सांकल में बांधने की कोशिश कर रहा था। सेवादार को उसने पैरों के नीचे कुचल दिया।

राष्ट्रीय गजशाला में भगदड़ मच गई। पशुओं के डौक्टर को तुरन्त मौक़े पर मुआयने के लिए बुलाया गया जिससे प्रशामक दवाएं देकर उसके मिज़ाज को शान्त किया जा सके। महावत को अचरज हुआ कि डौक्टर के आने से पहले वह ख़ुद ही शान्त हो गया था। चुपचाप महावत के आदेशों का पालन कर रहा था। सेवादार को मारने के बाद उसने तुरन्त खाना खा लिया था। महावत ने ग़ौर किया कि उदयगिरि में मस्ती के चिह्न प्रकट हो रहे थे। उसके दानों में से मद बहना शुरू हो गया था। वह बदमिज़ाज हो रहा है। उसे ठिए पर बांध दिया गया। कुछ दिनों बाद मिज़ाज ठीक हो जाने पर उसे खोल दिया गया।

एक दिन सैर के लिए उसे घुमाया जा रहा था। वह अचानक बिगड़ गया।

सड़क पर से गुज़रते हुए एक फ़ौजी ट्रक पर उसने हमला कर दिया। उसे टक्कर मार दी। फिर एक राहगीर के पीछे दौड़ा। पास के घर में घुसकर उसने अपनी जान बचाई। महावत उसकी गरदन पर बैठा था। तीन घण्टे तक बड़ी हिम्मत से उसे क़ाबू करने की कोशिश करता रहा। फिर अपनी जान को जोखिम में समझकर वह भी पास के एक मकान की छत पर कूद गया।

मस्ती के दौर में बेक़ाबू उदयगिरि इधर-उधर दौड़ रहा था। वह कोई भी भयंकर वारदात कर सकता था। उसे पागल घोषित कर दिया गया। लाइलाज मानकर गोली से ढेरकर दिया गया। असम की जलवायु से देहली की जलवायु एकदम अलग थी। उदयगिरि अपने को उसके अनुकूल नहीं बना पाया था। देहली जैसी कड़ाके की ठण्ड, भयंकर गरमी और अत्यन्त सूखा उसने असम में कभी नहीं देखा था।

देहरादून के ख़ुशग़वार माहोल में 1956 की गरमियां बिताने उसे भेज दिया था। वहां से लौटने पर वह पुष्ट और भरा हुआ नज़र आता था। अगले साल उसे फिर देहरादून भेजने की तैयारी की जा रही थी। तभी मज़बूरी में उसकी जान लेनी पड़ गई।

चौंतीस

शेर के अनाड़ी बच्चे

कान्हा नेशनल पार्क में एक शेरनी के साथ तीन बच्चे देखे जाते थे। जंगल-जीवन की विघ्न बाधाओं को पार करते हुए वे एक साल के हो गए थे। शिकार मारने का अब भी उन्हें कोई वास्तविक अनुभव नहीं हुआ था। रात के शिकार पर जाते समय मां एक बच्चे को या अधिक बच्चों को अपने साथ ले जाती थी। वह उन्हें अपने शिकार के अनुभव बताना चाहती थी। एक बार उसने बिना ज़ख़्मी किए एक भैंस को अपनी थाप से गिरा लिया। तब वह पीछे हट गई और तीनों बच्चे मारने के लिए लपके। वे इतने अनाड़ी थे कि भैंस ने उन्हें दूर झटक दिया। शेरनी

फिर आगे आई और उसने बच्चों के लिए भैंस को पटक दिया। अन्त में, जिसका जहां बस चला उसने वहीं भैंस को काटना शुरू किया और उसे मार डाला। इससे यह तो स्पष्ट था कि अपने पैरों पर खड़ा होने से पहले उन्हें बहुत कुछ सीखना था। मादा बच्चे तो सोलह महीने की उम्र तक भी मारने की तकनीक में दक्ष नहीं हो पाए थे। बार-बार हमला करके और ग़लतियों से कुछ नई बात सीखते हुए नर बच्चे ने ख़ुद-ब-ख़ुद अनुभव प्राप्त कर लिया था। अब वह नब्बे किलोग्राम

से अधिक भारी हो गया था।

बच्चों और उनकी मां के बीच का बन्धन शीघ्रता से क्षीण होता गया। दो या अधिक दिनों बाद वह कभी उन्हें मिलने आ जाती थी और कभी-कभी एक मारण उनके लिए जुटा देती थी। बच्चों को आंशिक स्वतन्त्रता से पूर्ण स्वतन्त्रता तक पहुंचाने का यह एक तरीक़ा था। दो बरस की उम्र तक पहुंचने पर वे पूरी तरह अपने पैरों पर खड़े हो गए थे, तब छोटा बच्चा 2.10 मीटर से कुछ अधिक लम्बा हो गया था और बड़ा बच्चा 2.40 मीटर के बराबर हो गया था। शिकार के लम्बे

दौरे पर जब शेरनी निकला करती थी तब पड़ोसी वनखण्ड के शेर से उसकी मुलाकात हो जाया करती थी। इन मुलाकातों का बच्चों को भी पता लग गया था। वे बाप से डरते थे। उसके सामने मां के पास कभी नहीं आते थे। बाप से नर बच्चे को सबसे अधिक ख़तरा था। इसलिए वह एक साल की उम्र में ही परिवार से अलग रहने का अभ्यास करने लगा। बच्चे जब ढाई साल के हो गए तब उनकी मां ने उसी वनखण्ड में सरकण्डे के झुण्डों के अन्दर बच्चे दे दिए। इस बार दो बच्चे थे।

पैंतीस

कोलतार खा गए हाथी

जंगली हाथी छोटी-छोटी टोलियों में रहते हैं। छोटी टोलियों में पांच-दस और बड़ी टोलियों में बीस-पच्चीस हाथी रहते हैं। नर हाथियों में मुंह के बाहर लम्बे दांत निकले होते हैं। इन्हें उद्दन्त कहते हैं। उद्दन्त वाले हाथियों को दतैल या दन्तुर कहते हैं। कई बार दतैल झुण्ड से अलग होकर अकेला विचरने लगता है। ऐसे हाथी को इक्कड़ कहते हैं। झुण्ड के हाथी तो सब मिलकर दुश्मन से अपनी रक्षा करते हैं, इक्कड़ को ख़ुद ही अपनी रक्षा करनी होती है। वह अधिक साहसी, ताक़तवर और बहादुर बन जाता है। साथ ही चौकन्ना, अड़ियल और ख़तरनाक हो जाता है।

कौर्बेट नेशनल पार्क में मई के महीने में एक दिन तड़के ही हम घड़ियाल की फ़िल्म खींचने जा रहे थे। ढिकाला रेस्ट हाउस से चार किलोमीटर दूर गए होंगे।

सड़क के बीचोंबीच एक इक्कड़ खड़ा दिखाई दिया। हमने मेटाडोर रोक ली। उसके हट जाने की प्रतीक्षा करने लगे।

दो मिनट गुज़र गए। रास्ता छोड़ने की बजाय वह हमारी तरफ़ ही बढ़ने लगा। जंगल की सड़क तंग थी। मेटाडोर को घुमाकर वापिस नहीं किया जा सकता था। राजेश ने उसे उसी तरह उलटा चलाना शुरू किया। आधा किलोमीटर लौटकर हम रुक गए। पन्द्रह मिनट बाद इक्कड़ चला गया। तब हम आगे बढ़े।

उन दिनों इस इलाक़े में तीन इक्कड़ घूम रहे थे। वे आए दिन सड़क रोक लेते थे। किसी दिन तो पन्द्रह-बीस वाहनों को सड़क पर रुकना पड़ जाता था।

एक दिन एक मद्दी इक्कड़ हमें ढिकाला चौड़ की ठण्डी सड़क पर मिला। वह हमारी मेटाडोर के पीछे भागा। मद्दी बड़ा तगड़ा दतैल था। उसके मीटर भर लम्बे उद्दन्त नुकीले खंजरों के समान चमक रहे थे। उसके गालों पर मद की काली धारा फैल गई थी। मद्दी हाथी का स्वभाव अनिश्चित होता है। वह ख़तरनाक होता है। जंगल में ऊधम मचाता फिरता है। बिना वज़ह पेड़ों को उखाड़ डालता है।

उस मद्दी हाथी से हम चालीस क़दम के फ़ासले पर रह गए होंगे। उसकी पहुंच में आ जाते तो वह मेटाडोर का कचूमर निकाल देता। हमारी तो ख़ैर थी ही नहीं।

एक दिन हमें ख़बर मिली कि खिनानौली के चौड़ में हाथियों का बड़ा झुण्ड चर रहा है। ढिकाला रेस्ट हाउस से वह जगह ग्यारह किलोमीटर दूर थी। अगले दिन सुबह हम वहां गए। हाथी चौड़ में और निकटवर्ती जंगल में घूम रहे थे। धूप चढ़ने पर वे झुरमुटों के अन्दर ठण्डी जगहों में सो गए। शाम को हम फिर उन्हें देखने गए। मेटाडोर को हमने रामगंगा के तट पर छोड़ दिया। कैमरे उठाकर पैदल ही उनकी तलाश में निकल पड़े।

रामगंगा के उत्तरी किनारे के जंगल में हाथी पेड़ों की टहनियां खा रहे थे। हम लोग दक्षिणी तट पर बढ़ने लगे। हम उनसे सुरक्षित दूरी पर रहना चाहते थे, इसलिए कि हाथी हमला कर दें तो भागने का मौक़ा मिल जाए।

रामगंगा की कई उथली धाराओं को हमने पार किया। उनके बीच में बड़े-बड़े गोल पत्थर पड़े थे। उन पर पैर फिसलते थे। धारा का वेग पैर जमने नहीं देता था। पानी से बाहर निकलते थे तो तपी हुई बालू पर पैर जलते थे। पन्द्रह मिनट बाद रामगंगा में एक दतैल नहाता हुआ दिखाई दिया। उथले पानी में वह खड़ा था। और सूण्ड में पानी भरकर देह पर बौछार कर रहा था।

घने जंगलों से निकलकर हाथियों की टोलियां किनारे पर चरती हुई पश्चिम

की ओर ढिकाला की तरफ़ बढ़ रही थीं। प्यास बुझाने के लिए हाथी रामगंगा में उतर जाते थे और थोड़ी देर स्नान करके आगे बढ़ जाते थे। आज उन्हें पांच किलोमीटर का रास्ता तय कर दूसरे चरागाह में पहुंचना था। इसलिए वे पानी में अधिक देर नहीं रुकते थे। नहाए हुए हाथी गूढ़े काले रंग के दिखाई देते थे। ऐसा लगता था कि अंजन घोलकर उनके बदन पर पोत दिया गया है।

इस झुण्ड में सब मिलाकर पचास हाथी थे, जिनमें दुधमुंहे बच्चे भी थे। धारा पर पहुंचने के लिए वे ऊंचे बालू तट से जब उतरते थे तब गुदगुदी बालू में धंसते जाते थे।

मैं पांच-छह दिन इस झुण्ड के साथ रहा। सुबह-शाम पांच-छह घण्टे हाथियों को चरते, नहाते, खेलते और सोते देखता रहा। ये खिनानौली के परिसर में रात को घुस जाया करते थे। वहां वे उधम मचाते थे। बेमतलब चीज़ों से छेड़ख़ानी करते थे। बाहर पड़ी हुई कोई चीज़ मिल जाती थी तो उससे खेलने लगते थे। उसे बरबाद करके ही छोड़ते थे। एक रात हाथी ने महावत का टोटी वाला लोटा पैर के नीचे दबाकर चपटा कर दिया।

परिसर में एक तरफ़ पार्क की पालतू हथिनी रम्भा बंधी रहती थी। उसके आगे कई क्विंटल ताज़ा चारा पड़ा रहता था। जंगली हाथी उसे खा जाते थे। वे रम्भा से छेड़छाड़ करते थे उसे जंगल में भगा ले जाने के लिए धकेलते थे। वह सांकल से बंधी थी, चिंघाड़ती थी, जिससे महावत उठ जाते थे। जंगली हाथी खिड़कियों की सलाख़ों के अन्दर सूण्ड डालकर राशन टटोलने लगते थे। मशाल जलाकर उन्हें भगाना पड़ता था।

उन दिनों पार्क की सड़कों की मरम्मत की जा रही थी। सड़क के किनारे रखे कोलतार के ड्रमों को हाथी तोड़ डालते थे। उनसे बचाने के लिए ड्रमों को खिनानौली के परिसर में खाइयां खोदकर उनके अन्दर लिटा दिया था। ऊपर से मिट्टी डाल दी थी। शरारती हाथियों को इसका पता चल गया। उन्होंने ड्रम खोद लिए। उन्हें तोड़ दिया। गरमी के कारण कोलतार पिघल गया था। खाइयां कोलतार की झीलें बन गई थीं। गुड़ के शीरे जैसी चिपचिपी, चमकीली काली, महकती हुई इस अजीब-सी चीज़ में उन्होंने सूण्डें डाल दीं। कोई-कोई हाथी उसे काला कीचड़ समझकर रौंदने लगा। कोलतार उनके अंगों से चिपट गया तो उनका कुतूहल ख़त्म हो गया। अब वे इस बला से छुटकारा पाने के लिए छटपटाने लगे। पैरों को झाड़ियों

और पेड़ों के तनों पर रगड़ने लगे। सूण्ड पर चिपके कोलतार को मुंह से छुड़ाने की कोशिश में उसे खा भी गए।

एक दिन वन रक्षक को हाथी की लीद के बिलकुल काले गोले जंगल में बिखरे मिले। वह कुछ गोले उठा लाया और ढिकाला में रेंजर को दिखाए। पार्क के म्यूज़ियम में रखी इस लीद को मैंने टोह-टाह के देखा था। हाथी के खाए हुए भोजन में कोलतार अच्छी तरह मिला हुआ था। उसके आमाशय के पाचक रसों का और आंतों की क्रिया का उस पर कोई असर नहीं दिखाई देता था।

छत्तीस

शेरनी के चार बच्चों की दावत

शिकार के आकार पर निर्भर करता है कि शेर एक मारण पर कितने दिन निकालता है। पचपन किलोग्राम वज़नी चीतल दो तीन दिन चल सकता है और एक सौ पैंतीस किलोग्राम का बारासिंगा पांच या छह दिन। पूरी बड़ी गाय, सांभर या नीलगाय क़रीब तीन दिन चल जाते हैं। गोश्त के ज़रा-से टुकड़े को भी वह नहीं छोड़ता। चाहे वह कितना सड़ा-गला भी क्यों न हो।

मध्य प्रदेश के कान्हा नेशनल पार्क का क़िस्सा है। उथले सिंधिया नाले में घसीटी शेरनी ने एक नर गौर का शिकार किया। घसीटी के साथ चार महीने की उम्र के चार बच्चे थे। रातभर बच्चों ने अपना अधिक समय लाश को खाने में और सोने में गुज़ारा। जब चांद की जगह सूरज ने ले ली, तब वे आपस में खेलने लगे। वे एक कतार में इस तरह दौड़ते थे कि कवायद का अभ्यास कर रहे हों। वे घास के बीच में से एक-दूसरे पर घात लगाते थे और घमासान युद्ध में जुट जाते थे। आस-पास की चीज़ों की खोज करना भी उनकी दिनचर्या का अंग था। वे पत्तों को सूंघते थे। छिद्रों का मुआयना करते थे। रेंगते हुए किसी कीड़े पर झपट पड़ते थे।

सुबह की सुहावनी ठण्डक धीरे-धीरे सरकती गई। दिन की गरमी ने वातावरण में बेचैनी पैदा करनी शुरू की। घसीटी उठी। धीमी आवाज़ में उसने बार-बार कुछ कहा जिसका स्पष्ट मतलब था—मेरे पीछे आओ। पास ही एक छायादार कुंज में वह उन्हें ले गई। पांच दिन तक वह परिवार गौर के गिर्द ही रहा। उसका सफ़ाया हो जाने पर वह ग़ायब हो गया। अच्छे तगड़े नर गौर का भार नौ सौ किलोग्राम तक हो जाता है।

ग्यारह दिन बाद घसीटी दोपहर बीते कोई दो बजे देखी गई। चौड़ के बीचों-बीच उसने उसी समय गौर का एक बच्चा मारा था। वह उसे गरदन से पकड़कर घसीट रही थी। बांस के जंगल से गौर की मां निकल आई थी। वह बेचैन थी। कभी आगे बढ़ती थी और कभी एकाएक पीछे हट जाती थी। शेरनी पर हमला करने

की हिम्मत उसमें नहीं थी।

रास्ते के रोड़ों, ठूंठों और घास में लाश बार-बार अटक जाती थी। उसे खींचने के लिए घसीटी को बहुत ज़ोर लगाना पड़ रहा था। उसकी पकड़ ढीली हो जाती थी। बीच-बीच में वह रुक जाती थी और अपनी पकड़ को मज़बूत कर लेती थी। आगे एक नाला आ गया। उसके अन्दर ऊंची घास उगी हुई थी। मारण को घसीटकर शेरनी घास के अन्दर ओझल हो गई। यहां उसने ज़रा-सा गोश्त खाया। फिर आराम किया। डेढ़ घण्टे बाद वह नाले से बाहर निकली। स्थिरता से क़दम रखती हुई जंगल में चली गई। अन्धेरा हो जाने पर वह लौटी उसके साथ बच्चे थे। उन्हें वह दावत खिलाने लाई थी। उस समय वहां कई बारासिंगे चर रहे थे। घसीटी को देखते ही वे हड़बड़ा कर चिल्ला उठे। चौकड़ी भरते हुए दूर चले गए।

घसीटी अपने बच्चों को नाले के अन्दर ले गई। वे सब मारण पर पिल पड़े। एक बच्चा तो उस जगह से गोश्त खाने लगा जहां से पहले उसकी मां ने खाया था। घसीटी दूसरी जगह से गौर की खाल को काटने और फाड़ने में लग गई। नाले में से कभी तो हड्डियों के टूटने के, कभी दांतों के कटकटाने के और कभी खाल को काटने के शब्द सुनाई देने लगे। इनके बीच में कभी-कभी गुर्राने की आवाज़ भी सुनाई दे जाती थी। किसी छोटी-मोटी बात पर मतभेद हो जाने पर बच्चे एक–दूसरे

को धमका देते थे। वे भी जंगल के नियमों में बधे हुए अपना-अपना हिस्सा प्राप्त करने की कोशिश में थे। सबसे बड़ा बच्चा सबसे बढ़िया गोश्त वाली जगह पर

जमा था। सबसे छोटे बच्चे को जब अपने दांत गाड़ने के लिए जगह न मिलती तब उसे जगह ख़ाली होने तक इन्तज़ार करना पड़ता। जंगल में जब भोजन की कमी हो जाती है, तब कमज़ोर बच्चे मर जाया करते हैं। घसीटी के लिए अपने चारों बच्चों को पाल-पोसकर बड़ा करना मुश्किल काम था।

अगली सुबह तक घसीटी के परिवार ने गौर के बच्चे को बिलकुल साफ़ कर दिया था। मां के पीछे एक कतार में चलते हुए वे एक किलोमीटर दूर एक जलकुण्ड के पास पेड़ों के झुरमुट में जा छिपे।

मारण की बची-खुची हड्डियों को तोला गया। इससे पहले मारण को तब तोला गया था जब घसीटी बच्चों को बुलाने गई थी। रातभर में यह परिवार उनचास किलोग्राम गोश्त चट कर गया था।

सैंतीस

साधु की कुटिया में तेंदुआ

हरिद्वार से गंगा पार करें तो कोई सात किलोमीटर जाने पर गुरुकुल कांगड़ी विश्वविद्यालय का विस्तृत परिसर दिखाई देता था। इसके पूरब-दक्षिण में शिवालक पहाड़ियों के घने जंगल फैले थे। इनमें शेर, तेंदुए, हाथी, हिरण और अनेक प्रकार के पशु-पक्षी रहते थे।

पावनी गंगा की नीलधारा गुरुकुल की उत्तर-पश्चिमी सीमा बनाती थी। सरदियों में धारा बिलकुल क्षीण हो जाती थी। यहां गंगा का सूखा पाट कई किलोमीटर चौड़ा था।

गंगा से बहाकर लाई मिट्टी के जमा होने से जगह-जगह टापू बन गए थे। उनके ऊपर सरकण्डे के झुण्ड उग आए थे। खैर, शीशम और बेरी के जंगल बन गए थे। नदी के पाट के बीच में बने जंगलों को मझाड़ा कहते हैं।

मझाड़ों में विविध जातियों के जंगली जानवर रहते थे। एक मझाड़े में एक रोज़ एक तेंदुआ चीतल का पीछा कर रहा था। उधर एक शेर भी शिकार की घात में बैठा था। उसका तेंदुए से टाकरा हो गया। शेर के सामने तेंदुए की क्या औकात! बेचारा ज़ख़्मी हो गया। जान बचाने के लिए मैदान छोड़ गया। सिर छिपाने के लिए उसे नीलधारा के बांध के ऊपर एक कुटिया दिखाई दी। उसकी सीढ़ियों पर चढ़कर वह बरामदे में पहुंचा। कुटिया का दरवाज़ा खुला था। अन्दर दाख़िल होकर वह एक कोने में बैठ गया।

यह एक साधु की कुटिया थी। उसका नाम स्वामी श्रद्धानन्द था। गुरुकुल आश्रम के अन्तेवासी उन्हें आदर से कुलपिता कहते थे।

सुबह कुटिया की सफ़ाई करने एक सेवक आया। फ़र्श को बुहारते हुए उसने पार्टीशन की बग़ल में ताज़ा ख़ून पड़ा देखा। यह तेंदुए के ताज़े ज़ख़्मों से रिसा था। स्वामी जी ने उसकी व्यथा को महसूस किया। उस रात के बाद भी वह दो-तीन बार बंगले में आश्रय लेने आया। स्वामी जी ने या उनके सेवकों ने उसे कुछ नहीं कहा। बंगले में उसे अभयदान मिल गया था।

अन्तेवासियों को जगाने के लिए ब्राह्ममुहूर्त्त की घण्टियां बज रही थीं। कुलपिता स्वामी श्रद्धानन्द रात के अन्तिम पहर के दौरे से लौटकर अपनी कुटिया में आ गए। उन दिनों गुरुकुल में किरोसीन के लैम्प जला करते थे। लैम्प की लौ को ऊंचा करके कुलपिता ज़रूरी डाक को निपटाने में लग गए।

कुछ समय बाद उनकी निगाह कोने वाली मेज़ के नीचे छिपे हुए तेंदुए पर पड़ी। बग़ल के कमरे में जाकर उन्होंने लकड़ी के पार्टीशन को खटखटाया, इसके साथ ही तेंदुआ सटा हुआ था। ज़ख़्मों की वेदना से कराहता हुआ तेंदुआ धीरे

से उठा और नज़दीक ही एक मझाड़े में छिप गया। वह भला जीव था और कभी भी हमला करते हुए नहीं देखा गया था। श्रद्धालु लोग कहते थे कि वह क्रूर प्रवृत्तियां स्वामी श्रद्धानन्द के सान्निध्य में आने से कुण्ठित हो गई थीं।

यह कितना अजीब है कि यह खूंखार जानवर इन्सान को अपना सबसे ख़तरनाक दुश्मन समझता है और मुसीबत की घड़ियों में उसके पास पनाह लेने चला जाता है।

अड़तीस

यमदूतों को डराने के लिए मौत का नाच

सन् 1977 के मई महीने में नरेश बेदी पेरियार अभयवन में बनकुत्तों के शिकार करने के तरीक़ों का फ़िल्मांकन कर रहे थे। उनका बारह साल का बड़ा बेटा राजीव साथ था। राजीव की गर्मियों की छुट्टियां थीं। वह अपने पिता के सहायक के रूप में फ़िल्मिंग की ट्रेनिंग ले रहा था।

ये दोनों एक महीना केरल के इस ख़ूबसूरत अभयवन के रेस्ट हाउस में डेरा डाले रहे। अभयवन के छोटे-बड़े सभी कर्मचारियों को बनकुत्ते तलाश करने के लिए कह रखा था। पेरियार नदी से बनी झील के दोनों ओर अभयवन के जंगल फैले हैं। बनकुत्ते दोनों तरफ़ के जंगलों में कहीं भी मिल सकते हैं।

यहां काम करने के लिए किश्ती बहुत ज़रूरी है। नरेश ने एक महीने के लिए किराए पर किश्ती बुक कर ली थी और पेरियार के जंगलों में रहने वाले दो आदिवासियों को सेवा में रख लिया था। ये गाईड का काम करते थे और जंगलों में बनकुत्तों को तलाश करने का काम भी करते थे।

चार-पांच दिन से टूरिस्ट इलाक़े में बनकुत्तों की खोज-ख़बर नहीं मिल रही थी। गाईडों ने कहा कि वे दूसरे इलाक़े में चले गए होंगे। नरेश बेदी अपने कैमरा-दल के साथ किश्ती में उनकी खोज करने निकल पड़े। पांच-छह किलोमीटर दूर आकर उन्होंने किश्ती छोड़ दी। फ़िल्मिंग का एक्विपमेण्ट उठाकर वे पैदल ही पूरब के जंगलों में बढ़ने लगे।

उधर से मछुआरों की टोली आ रही थी। उनके सिर पर ताज़ी पकड़ी मछलियों की टोकरियां थीं। वे पास के मार्केट में इन्हें बेचने जा रहे थे। नरेश के दल को बटिया पर दो विषैले सांप मिले थे। ऐसे ख़तरनाक जीवों की परवाह किए बग़ैर मछुआरे नंगे पैर ही चले आ रहे थे। उन्होंने नरेश को कुछ मछलियां भेंट कीं। उनसे बनकुत्तों का अता-पता नहीं चला। चार-पांच किलोमीटर का चक्कर लगाकर नरेश का दल लौट आया। मार्ग में जंगली हाथियों की गतिविधियों के बहुत से चिह्न मिले थे।

लैण्डिंग घाट पर रेस्ट हाउस के पास एक आदमी ने बताया कि दस-पन्द्रह मिनट पहले पेरियार झील तैरकर बनकुत्ते उस पार चले गए हैं। नरेश ने ड्राइवर को उसी दिशा में मोटर बोट ले जाने को कहा। बोट का नाम पेरियार टाइगर था। यह टाइगर प्रोजेक्ट की बोट थी।

इस बार की खोज में भी बनकुत्ते नहीं मिले। वे लौटने लगे। उधर से टूरिस्टों की एक बड़ी किश्ती लौट रही थी। उसके ड्राइवर ने लाइट जलाकर नरेश का ध्यान खींचा। कपड़ा हिला-हिलाकर उन्हें बुला रहा था। ड्राइवर ने पूरी रफ़्तार से पेरियार टाइगर चला दी। बड़ी किश्ती के पास पहुंचे तो प्रोद्दीप्त टूरिस्टों ने बताया कि नदी के मोड़ पर बनकुत्ते सांभर को मार रहे हैं।

घण्टों जंगल की ख़ाक छानने के बाद नरेश को शुभ समाचार मिला था। वे झट मोड़ पर पहुंचे। बनकुत्तों का एक बड़ा गिरोह सांभर पर पिला हुआ था। यह मादा सांभर थी। पीछा करते हुए दुश्मनों से जान बचाने के लिए झील में कूद गई थी। बनकुत्तों ने इसका पीछा नहीं छोड़ा। वे भी झील में कूद गए। सामने टूरिस्टों की किश्ती देखकर सांभर डर गई और लौटकर तट की तरफ़ बढ़ने लगी।

उथले पानी में नन्हे दुश्मनों ने उसे दबोच लिया। सामने वाला कुत्ता उसके सिर पर लपका। दूसरे साथियों ने पीछे से दांत गाड़ने शुरू किए। दुश्मनों का आपस में बढ़िया तालमेल था। उन्होंने उसे झटपट मार डाला। बनकुत्ते लाश को घसीट कर ले गए। टूरिस्टों की किश्तियों की आवा-जाही न होती तो पानी के किनारे ही

खा लेते।

इस गिरोह में चौदह बनकुत्ते थे। आठ बड़े थे और छह छोटे थे। इनकी उम्र आठ-नौ महीना होगी। छोटे दावत में शरीक होने से संकोच कर रहे थे। वे झाड़ियों के पीछे से कभी-कभी निकलते थे और लाश में ज़रा मुंह मारकर फिर छिप जाते थे। एक बनकुत्ते से सांभर आकार में दस गुना बड़ा होता है। इस सांभर को उन्होंने सुबह होने से पहले ही पूरा खा लिया था। अगले दिन भी वह गिरोह उसी इलाक़े में रहा। पेड़ों पर बैठे बन्दरों के भीति-संकेतों से नरेश को उनकी गतिविधियों का अन्दाज़ा हो रहा था। कुछ आगे जाकर नुक्कड़ के उथले पानी में नरेश ने अपना

ट्राइपौड जमा लिया और उसके ऊपर मूवी कैमरा परीफ़्लैक्स फ़िट कर लिया। राजीव ने नाग्रा टेप रिकौर्डर सम्हाल लिया। ये लोग उथले पानी में खड़े बनकुत्तों का इंतज़ार कर रहे थे। शाम हो गई थी। पूरा गिरोह झील पर पानी पीने आ गया।

कल जो दिलेर सांभर के सिर पर लपककर पराक्रम दिखा रहा था वह गिरोह का लीडर था। उसकी बीवी उसके पास आई। उसने अपने शौहर की गरदन के साथ गरदन मिलाकर उसका आलिंगन किया। पानी पीकर यह गिरोह तट पर खड़ा रहा। प्रतीत होता था कि बुज़ुर्ग सदस्य अगली योजना पर विचार कर रहे थे। कुछ देर बाद वे झील के दूसरे किनारे जाने के लिए पानी में उतरने लगे। तभी बड़ी

मां ने कूं ··· कूं ··· जैसी बारीक आवाज़ में लीडर को कुछ कहा जिसका मतलब तनिक रुकना था।

बड़ी मां जंगल की तरफ़ चली गई। झाड़ियों में छिपे बच्चों को लेकर जल्दी लौट आई। उसने फिर सांकेतिक बोली में कुछ कहा जिसका मतलब कूच करना था। लीडर की अगुआई में एक-के-पीछे-एक तैरते हुए सभी बनकुत्ते झील के पार चले गए।

दो दिन से भाग्य नरेश के अनुकूल था। उन्होंने सोचा कि फ़िल्माने के लिए आगे पता नहीं कि क्या दिलचस्प सामग्री मिल जाए। गिरोह की दिशा में वे किनारे-किनारे चलते गए। आगे जाकर पेरियार नदी सिकुड़ गई थी और नहर के रूप में बदल गई थी। नरेश ने किश्ती छोड़ी और एक्विपमेण्ट उठाकर जंगल में बनकुत्तों के गिरोह के पीछे चल दिए। झाड़–झंखाड़ों से भरे इलाक़े में क़रीब पांच किलोमीटर उनके पीछे गए होंगे। वहां बनकुत्ते रुक गए।

जंगल के साथ एक खुला मैदान था। उसमें वे खेलने लगे। नरेश ने एक पेड़ की ओट में ट्राइपौड पर कैमरा फ़िट कर लिया था। सूरज डूबने लगा था। लाइट मीटर से वे एक्सपोज़र देख रहे थे। टेलीलेन्स में उन्हें जंगल से निकलकर मैदान में आता हुआ एक नर सांभर दिखाई दिया। उसने जंगल में अपने नज़दीक ही बनकुत्ते देख लिए थे। उनसे बचने के लिए वह मैदान में भाग आया था।

दुश्मन पर हमले से बचने के लिए उसने अपना हुलिया और चाल-ढाल बदल ली थी। अपने शरीर को धनुष की तरह मोड़ लिया था। इससे पेट अन्दर छुप गया था। पेट नरम होता है इसलिए बनकुत्ता पेट पर हमला करता है। अण्डकोशों को काट लेने की भी वह कोशिश करता है। सांभर की पूंछ खड़ी थी। गरदन नीचे झुकी हुई थी। इससे वह सामने से आने वाले हमलावर पर सींगों से वार कर सकता था। ज़रूरत पड़ने पर मुंह से काट भी सकता था।

अजीब ढंग से कूदता हुआ यह मैदान में आया था। ऐसा लगता था कि छोटे यमदूतों को डराने के लिए मौत नाच रही हो। प्रकट रूप में सांभर की यह तरक़ीब कामयाब हो गई। कोई दुश्मन उसके पास नहीं फ़टका। इसी तरह मौत का नाच करता हुआ वह मैदान को पार कर गया। और घने जंगल में ग़ायब हो गया। बनकुत्तों ने नाचते हुए सांभर में कोई दिलचस्पी नहीं ली, क्योंकि उनके पेट भरे हुए थे।

उनतालीस

दूध कौन पिलाएगा?

दिन ढलने से पहले लेक्खा जंगल से घास का गट्ठर ले आया करता था। सिर से बोझ उतारकर ज़रा दम लेता। बेटी लाजो गाय को घास डाल देती।

उस दिन लेक्खा जंगल से लौटा तो उसके सिर पर गट्ठर नहीं था। गोदी में छोटी-सी गठरी थी।

लाजो ने पूछा : 'घास क्यों नहीं लाया, चाचा! गाय खाएगी क्या?'

गठरी खोलते हुए लेक्खा बोला : 'आज उसका जातक उठा लाया हूं जिसने तेरी बछिया को खा लिया था। देख ले।'

पल भर में सारे गांव में समाचार फैल गया। लेक्खा की फूंस से छती झोपड़ी में शेर के इस नन्हे-से बच्चे को देखने के लिए भीड़ जमा हो गई। डेढ़ हज़ार की आबादी वाले कांगड़ी गांव के कई मवेशियों को सिद्ध सोत की शेरनी खा चुकी थी। उसी का यह बच्चा था।

एक दिन पहले लेक्खा की बछिया जंगल में लापता हो गई थी। उसकी तलाश में वह दूर निकल गया। सिद्ध स्रोत के नाले के पास उसे शेर के तीन बच्चे दिखाई दिए। बांस के झुरमुट में वे एक-दूसरे से चिपटे हुए सो रहे थे।

झाड़ियों की ओट में दबे लेक्खा उनकी तरफ़ बढ़ा। नज़दीक पहुंचकर उसने कंधे की चादर उनके ऊपर फेंक दी। दो बच्चे तो बांस के संघन में घुस गए और यह चादर के नीचे दब गया। इसे गोदी में लेकर वह बेतहाशा वापिस भागा। सीधे गांव पहुंचकर उसने दम लिया।

उसने सोचा, कौन जाने सिद्ध बाबा ने हमें यह उपहार दिया है। लाड़ में वह उसे सिद्धू नाम से बुलाने लगा। लाजो लाड़-दुलार से उसे पालने लगी। वह पन्द्रह दिन का बच्चा होगा। उसे दूध के अलावा दिया ही क्या जा सकता था। गांव में उन दिनों कई बकरियां ब्याही हुई थीं। उनका ताज़ा दूध निकाला जाता और धारोष्ण ही बोतल में भरकर सिद्धू के मुंह में लगा दिया जाता। रबर के निपल को अपनी मां का स्तन समझकर वह चूंघने लगता।

गाय की सेवा से निपटकर लाजो सिद्धू की सेवा में लग जाती। उसके साथ खेलती। बातें करती। गीले अंगोछे से उसका मुंह पोंछकर साफ़ रखती। रात को अपने बिस्तर में सुला लेती।

गांव के चरवाहे ढोरों को चराने गंगा की धारा के साथ-साथ चले जाते। पांच-छह किलोमीटर के दायरे में छोटे-छोटे गांव बसे थे। चरवाहों के साथ लेक्खा के सिद्धू की ख़बर उनमें फैल गई। शामपुर गांव की पुलिस चौकी में दारोग़ा जी ने भी यह ख़बर सुनी। शिवालक के इन जंगलों में कभी सुलताना डाकू का राज था। उसके आतंक से मुक्ति दिलाने के लिए यह चौकी क़ायम की गई थी। क़ानून तोड़ने वालों के साथ सख़्ती से पेश आने की दारोग़ा जी की आदत बन गई थी।

लेक्खा गांव का सीधा-सादा किसान था। वह नहीं जानता था कि शेर के बच्चे को पालकर वह कोई जुर्म कर रहा था। लेकिन वन-विभाग की क़ानून संहिता में यह दण्डनीय अपराध था।

लेक्खा को दारोग़ा के सामने पेश किया गया। उसने वन-विभाग के क़ानून से अपनी अनभिज्ञता प्रकट की। दारोग़ा ने चेतावनी देकर उसे छोड़ दिया और हुक्म दिया कि आज शेर के बच्चे को जंगल में छोड़ दो।

लेक्खा के लिए यह बड़ी सज़ा थी क्योंकि, उसकी आठ साल की बिटिया

सिद्धू को छोड़ने के लिए राज़ी नहीं थी। उसे समझा-बुझाकर लेक्खा ने चादर में सिद्धू को लपेटा और छोड़ने चल दिए। गांव की तंग और गोबर से सनी गलियों को लांघकर वे खेतों के भी पार निकल गए। बांस के जंगल में पहुंचकर उसने गठरी खोली।

लाजो ने सिद्धू को गोदी में लिया, नन्ही अंगुलियों से उसके बाल सहलाये और उसका आलिंगन किया। बार-बार उसे चूमती हुई वह अघाती नहीं थी।

शेरनी का इलाक़ा तो एक हुआ करता है, पर प्रसव के बाद घर बदलता रहता है। मां अपने बच्चों को मुंह में उठाकर दूसरी जगह ले जाती है। यहां से भी सिद्धू

के सहोदरों को मां कहीं और ले जा चुकी थी। सिद्धू को धरती माता की गोदी में सौंपकर बाप-बेटी लौटने लगे।

जंगल की तरफ़ रुख़ करने की बजाय सिद्धू अपने 'मां-बाप' की तरफ़ लौट आया।

उन्होंने उसे फिर चादर में लपेटा और सिद्धू सोत के बाबा के आश्रम में ले गए। कांगड़ी गांव से यह सात-आठ किलोमीटर दूर मनोरम अभयवन बना हुआ था। सदानीरा सोत में शेर, हाथियों के झुण्ड और हिरनों की टोलियां एक घाट पर पानी पीते थे। बाबा के संरक्षण में सिद्धू को छोड़कर वे निश्चिन्त लौट गए।

घर आकर लाजो गाढ़े की चादर से मुंह ढककर खटिया पर गुमसुम सो गई। मां की मिन्नत करने पर भी उसने टुक्कड़ को मुंह नहीं लगाया।

सुबह उठते ही उसने पूछा : 'सिद्धू को दूध कौन पिलाएगा?'

चालीस

सोमालियों की गोदी में पली वनदेवी

दक्षिण अफ्रीका में एक प्राइवेट परिरक्षित वन है । डेस्मौण्ड वाराडे उसमें गेम वार्डन थे । उस वन में सिंह, चीते, लकड़बग्घे, जिराफ़ और अनेक प्रकार के हिरण बड़ी संख्या में रहते थे । जंगली जानवरों की खालों के धन्धा करने वाले पोचर उस वन में चोरी-छिपे घुसते थे । बन्दूक उठाकर वे वक़्त-बेवक़्त जंगल के दौरे पर निकल जाते थे । उनके साथ एक कुत्तिया और सोमाली वनवासी भी रहते थे ।

उस वन में एक बड़ी झील थी । उसमें महाकाय मगर रहते थे । ये चुपचाप पानी के अन्दर पड़े रहते थे । अपनी उभरी हुई आंखों को पानी की सतह के ऊपर

निकाले रखते थे । उनकी निगाह पानी के किनारे पर रहती थी । कोई जानवर पानी पीने आता तो वे आहिस्ते से उसके नज़दीक पहुंचते और उसकी टांग पकड़कर झील के अन्दर घसीट ले जाते ।

जंगल का गश्त लगाते हुए एक रोज़ वाराडे झील के किनारे पर पहुंचे। नज़दीक के ऊंचे टीले पर खड़े होकर वे पानी का बहाव देख रहे थे। उनकी निगाह जानवरों और जंगल की घटनाओं को देखने की आदी थी।

उनके सामने एक चीता प्यास बुझाने आया। शिकार की टोह में लेटे मगर को उसने देखा ही नहीं। जलदस्यु ने लपककर उसे पकड़ लिया। मगर के कील जैसे तीखे दांतों और मज़बूत जबड़ों की गिरफ़्त में आया बड़ा जानवर भी छूट नहीं पाता। चीते जैसे तुच्छ जानवर की क्या बिसात !

असहाय चीते की मदद के लिए वाराडे ने गोली दाग़ दी। चीते को मगर के मुंह से छुड़ाने और पानी से बाहर निकालने के लिए वे तट की तरफ़ दौड़े।

मगर की पकड़ से चीता मर चुका था। वाराडे ने देखा कि वह मादा थी। उसके पयोधरों में दूध भरा था। वाराडे ने सोचा कि इसके बच्चे भी कहीं नज़दीक होंगे जिन्हें छोड़कर यह पानी पीने आई थी।

अपनी कुतिया के साथ वे उसका घर तलाश करने निकले। चीते के आने के मार्ग पर उसके पैरों की गन्ध बस गई थी। कुतिया उसे सूंघती हुई जंगल की तरफ़ बढ़ रही थी। वाराडे और उसके सोमाली वनवासी चीते के पद-चिह्नों को खोजते जा रहे थे।

कोई दो किलोमीटर जाकर कसरिया के पेड़ के नीचे कुतिया रुक गई। वहां एक चट्टान की ओट में वाराडे को चीते के तीन बच्चे मिल गए। वे बहुत छोटे थे। केवल मां का दूध ही पीते थे।

मां के मर जाने पर बाप उन्हें तभी पाल सकता था यदि उन्होंने गोश्त खाना शुरू कर दिया होता। जंगल में शिकार मारकर वह अपना पेट भर लेता। बच्चों के पास आकर गोश्त उगल देता। उसे बच्चे खा लेते। एक बार खाया होने से गोश्त सुपच बन जाता है।

उन बच्चों को क़ुदरत के भरोसे छोड़ दिया जाता तो वे मर जाते। क्योंकि उनका बाप उन्हें दूध पिलाने का जुगाड़ नहीं कर सकता।

वाराडे ने ऊन के गोलों जैसे मुलायम पिण्डों को उठाया। उनके पेट ख़ाली थे। उन्हें अपनी पयस्वती कुतिया के थनों पर लगाया। उन्होंने झट पयोधर को ख़ाली कर दिया। तीन बच्चों में दो नर थे। मादा सबसे तगड़ी थी। इसलिए यह बात ग़लत है कि एक ब्यात में सबसे छोटा और कमज़ोर बच्चा मादा होता है।

ज्यों-ज्यों ये बड़े होते गए कुतिया के थनों में से इनका पेट भरने के लिए दूध कम पड़ने लगा। उसे अपने दो पिल्लों को भी दूध पिलाना होता था। जब ये कुछ सप्ताह के हो गए तब देखा गया कि मादा बच्ची एक थन का दूध ख़त्म कर झट दूसरे पर पहुंच जाती थी। अपने भाइयों के मुंह से थनों को छीनने की कोशिश करती थी।

वाराडे के सोमाली नौकर इन्हीं जंगलों के आदिवासी थे। वे उस ख़ूबसूरत और ताक़तवर बच्चों को प्यार से गारायाका कहते थे। उनकी बोली में गारायाका का अर्थ जंगल की देवी है।

दोनों नर बच्चे तो वयस्क होने से पहले ही मर गए। वयस्क होने पर गारायाका सचमुच वनदेवी जैसी सौम्य, सुन्दर और सुगढ़ चीता बन गई। आदिवासियों द्वारा रखा गया नाम वास्तव में सार्थक सिद्ध हुआ।

अपने मालिक वाराडे के साथ वह जंगल की गश्त पर जाया करती थी। चोरी-छिपे शिकार करने वालों को पकड़ने में मालिक की मदद करती थी।

इकतालीस

शेर का झपट्टा

कौर्बेट नेशनल पार्क के साथ-साथ पूर्व से उत्तर की ओर रामगंगा बहती है। यहां इसकी कई धाराएं बन गई हैं। पतली धाराओं में जगह-जगह कुण्ड और उथली झीलें बन गई हैं। इनमें टखनों से लेकर घुटनों तक पानी है। कहीं-कहीं पानी कमर को छू जाता है।

गर्मियों में जंगल के जीव व्याकुल हो जाते हैं। तपन मिटाने के लिए वे रामगंगा के जलाशयों में आ जाते हैं। इन्हें देखने के लिए मैं रामगंगा के पाट में दूर तक निकल जाया करता था। तपी हुई बालू पर टकराकर ऊपर उठती हुई सूर्य की तीखी किरणें मृगमरीचिका बनाती थीं।

1977 का मई का महीना मैंने अपने परिवार के साथ पार्क में गुज़ारा। हमें रोज़ कुछ नए अनुभव होते थे। पार्क को छोड़कर दिल्ली जाने को मन ही नहीं करता था। पहली जून आ गई। रशीद ख़बर लाया कि उसने आंवल सोत में शेर देखा है। शाम के छः बज गए थे। मैं उसी समय रशीद की हथिनी पर सवार हो गया। हथिनी का नाम रूपकली था। उसने जवानी में अभी क़दम बढ़ाए ही थे। उसका रूप गुलाब की सुन्दर कली के समान खिल रहा था। रशीद उसे सीधा आंवल सोत की तरफ़ ले गया। हमें दूर से ही एक बड़े जलाशय में शेर बैठा दिखाई दिया। नवाबों के ज़माने में रशीद शिवालक की तलहटी में शाही मेहमानों को शिकार खिलाने लाया करता था। उसके बाप-दादा भी यही काम करते थे। रशीद को अपनी महावती पर गर्व था। वह रूपकली को आगे बढ़ाता गया। शेर से हम क़रीब बीस क़दम दूर रह गए होंगे। पन्द्रह मिनट तक हम उसे देखते रहे। नरेश फ़ोटो खींचते रहे। गेम वार्डन नेगी रशीद को गाईड कर रहे थे। उन्होंने रूपकली को और आगे बढ़ाया।

शेर को यह दख़लन्दाज़ी पसन्द नहीं आई। वह आहिस्ता से उठा और बायें तट पर घास में घुस गया। वह भला शेर था। उसने कोई प्रतिरोध नहीं दिखाया। आराम से घास में बैठ गया।

हमने पूरब से जलाशय को पार किया और धीरे-धीरे शेर के पास पहुंचने

की कोशिश की। अपने घर में आए मेहमानों के प्रति वह फिर भलमनसाहत से पेश आया। उसने समझा कि कोई राहगीर हैं। भटककर इधर चले आए हैं। मैं उनके राह में रोड़ा क्यों बनूं!

वह उठकर सौ क़दम दूर जंगल में चला गया। यहां पहाड़ का ढलान ख़त्म होता था। लसूड़े और गन्धेले के पेड़ों के बीच में साफ़ जगह थी। शेर वहीं बैठ गया। पेड़ों की छाया होने से बढ़िया फ़ोटोग्राफ़ी के अवसर कम हो गए थे। शाम ढलने से सूर्य की रोशनी मन्द होती जा रही थी। इस तरह के दृश्य अत्यन्त दुर्लभ

होते हैं। जंगल में शेर नसीब वाले को ही नज़र आता है। फ़ोटो खींचने के लोभ को हम छोड़ न सके। हमने रूपकली को उधर घुमाया और क़रीब साठ क़दम दूर खड़ा कर दिया। शेर का मुंह पहाड़ की तरफ़ था और पिछाड़ा हमारी तरफ़। बचे-खुचे प्रकाश में ही हमने फ़ोटो खींचने की कोशिश ज़ारी रखी।

शेर बांयीं करवट पसर गया। वह हमें नहीं देख रहा था। दो मिनट बाद उसने करवट ली और पीठ के बल हो गया। उसकी चारों टांगें ऊपर थीं। पेट के सफ़ेद गुदगुदे रोएं चमक रहे थे। उसका पेट भरा था। मस्ती में इस तरह लोट लगाते शेर के पास खड़े हम उसके फ़ोटो खींच रहे थे, हालांकि वह हमारी मौज़दूगी को भलीभांति जानता था। हम उसकी शराफ़त के क़ायल हो गए थे। रूपकली को

हमने ज़रा-सा और बढ़ा लिया। शेर की पूंछ से तेरह क़दम दूर हम रुक गए। इस साहसिक फ़ोटो-अभियान में रूपकली पूरा सहयोग दे रही थी। वह जंगल के लिए अच्छी तरह सधाई गई थी। शेर की गन्ध मिलते ही मैंने जंगली हाथियों के झुण्ड को बेतहाशा भागते हुए देखा है। रूपकली शेर के सामने पहाड़ की तरह अचल खड़ी रही।

शेर अब भी सो रहा था। वह दो मिनट बाद उठा। उसे अचरज हुआ कि हम उसके इतना नज़दीक पहुंच गए हैं, उसके सिर पर चढ़े जा रहे हैं। इतनी पास हमने चिड़ियाघर में ही शेर देखा था, जंगल में नहीं।

वह यकायक उठा और गुर्राता हुआ रूपकली पर लपका। रूपकली के पैर उखड़ गए। वह घबरा गई। ऐसा लगा कि वह मैदान छोड़कर भाग खड़ी होगी। इसमें भी तो उसकी ख़ैर नहीं। शेर गुस्से से भरा हुआ था! वह पीछे से हमला कर सकता था। रूपकली ने योधन नीति बदली और फिर मैदान में डट गई। रशीद ने भी उसे सम्हाला। वह उसके मस्तक पर अंकुश से चोट कर रहा था। भर्त्सना करके उसके मनोबल को बढ़ा रहा था।

वह पैंतरा बदल कर मुक़ाबले के लिए तैयार हो गई। उसने सिर झुकाया, सूंड से फुंकार मारी और चिंघाड़ी। रशीद अपनी सारी ताक़त को समेटकर शेर को भगाने के लिए चिल्लाया।

शेर ने बांई तरफ़ चेतना को देखा तो उस पर लपका। पार्क की सात हथिनियों में यह सबसे छोटी हथिनी थी। बीस-बाईस साल से बड़ी नहीं होगी। बड़ी ख़ूबसूरत हथिनी थी। वह भी ज़रा विचलित हुई, लेकिन उसके महावत ईदू ने उसे सम्हाल लिया। वह ज़ोर से चिंघाड़ी। उसे छोड़कर शेर फिर रूपकली पर लपका। इस बार मैं भी ज़ोर से चिल्लाया 'हट'। रशीद और ईदू हथिनियों के सिर पर अंकुश मारकर उन्हें मैदान में डटे रहने के लिए उकसा रहे थे। मैं बार-बार चिल्ला रहा था।

महावत की बांई बग़ल में हौदे में रंजू (जन्म 14 अगस्त, 1973) अकेली बैठी थी। उसकी तरफ़ मेरा ध्यान ही नहीं गया। रूपकली की उछल-कूद में, शेर के हमले में और शोर-शराबे में माहौल बेहद तनावपूर्ण था। रंजू अपनी सम्हाल ख़ुद कर रही थी। वह ख़ूब चौकस थी। शेर जब लपकता था तब टांगें ऊपर कर लेती थी।

शेर ने चार-पांच बार हमला किया। हर बार वह ज़ोर से गरजता था। गुस्से में उसकी आंखें दमक रही थीं। उसका मुंह पूरा खुला था। उसकी भयंकर और मज़बूत दाढ़ें चमक रहीं थीं। इन नाज़ुक क्षणों में कुछ भी हो सकता था। वह रूपकली की सूंड़ में लिपट सकता था उछलकर महावत को नीचे घसीट सकता था। उसके पंजे की एक चोट से कैमरों समेत नरेश बेदी नीचे जा सकते थे।

चेतना ने उम्मीद से अधिक हिम्मत दिखाई। इस उम्र की हथिनी पहले हमले में ही भाग खड़ी होती। सवार भी पेड़ों में उलझकर गिर जाते। शेर को लपकते देख चेतना ने अगले पैर से कसकर ठोकर मारी। सूंड़ से फुंकारा और चिंघाड़कर विरोध प्रकट किया। शेर रुक गया। चेतना की हर पेशी सक्रिय थी और हर नाड़ी सचेत थी। हालात के मुताबिक वह पल भर में पैंतरा बदल लेती थी। शेर से भिड़न्त का उसका पहला मौक़ा था।

शेर बहुत ढीठ और दिलेर था। वह हमें छोड़ने का नाम ही नहीं ले रहा था। सोया और मोया (मृत) बराबर होता है। शायद इसीलिए हम उसके सिर पर चढ़े जा रहे थे। हम लोगों ने शेर को जैसे गीदड़ मान लिया था।

शोर-शराबे को सुनकर दूर पेड़ों पर बैठे बन्दर चिल्लाने लगे। हम अपने साथ बन्दूकची नहीं लाए थे। इस बला से पीछा छुड़ाने के लिए वह हवा में फ़ायर करता। हमलावर हाथियों को भगाने में तो यह उपाय कारगर होता है।

महावतों ने हथिनियों को सावधानी से धीरे-धीरे पीछे हटाया। शेर भी शान्त

हुआ। हथिनियां मुड़कर पीछे देखती थीं। उन्हें शेर की गन्ध आ रही थी। वे समझ रही थीं कि शेर पीछे से हमला कर सकता है। चेतना अधिक संवेदनशील थी। बार-बार पीछे घूमती थी, ज़मीन पर अगले पैर से ठोकर मारती थी, धूल उड़ाती थी और फुफकारती थी।

शुक्र है कि किसी तरह हम सब सही-सलामत लौट आए। इस भिड़न्त में शेर से हमें बचाने का श्रेय हथिनियों को था। वापसी यात्रा में हम उन लोमहर्षक क्षणों की चर्चा कर रहे थे। रशीद अपनी महावती चतुराई के कारनामे सुना रहा था। शिकार पार्टियों में वह अपने हाथी को ले जाता रहा था। मज़ाल है कि उसका हाथी शेर को देखकर टस से मस हो जाए! मैंने चेतना के साहस की तारीफ़ की 'वह ठोकर मारती थी तो शेर आगे नहीं बढ़ता था।'

इस पर रशीद बोला—'साहिब, शेर भी बहुत सोचकर हाथी पर दांत गाड़ता है। वह पहले बांह बढ़ाकर पंजे से चोट करता है। सिर पीछे रखता है। सिर पर हाथी के पैर की ठोकर लग जाए तो उसे गोली मारने की ज़रूरत नहीं, सिर खिले हुए अनार जैसा हो जाता है, खोपड़ी की हड्डियां चूर-चूर हो जाती हैं।'

घर पहुंचने पर रंजू ने अपनी दादी (शीला जी) को आप बीती सुनाई। शीला जी ने पूछा कि शेर तुम्हें पकड़ लेता तो ? वह बोली - शेर झपटा तो मैं अपनी टांगें उपर कर लेती थीं।

सब हंस पड़े।

बयालीस

एकदन्ता हाथी

लटकती हुई लम्बी सूंड़, खम्भों के समान मोटी टांगें, भारी-भरकम शरीर, मोटी चमड़ी, छोटी आंखें, हाथी की ऐसी तस्वीर आपने ज़रूर देखी होगी। तस्वीरों में किसी-किसी हाथी के आमने-सामने बाहर निकले हुए दो लम्बे दांत भी देखे होंगे।

जी हां, ठीक है, नर हाथियों के दांत बाहर निकल आया करते हैं। लेकिन इसका तो एक ही दांत बाहर है। दूसरा कहां गया?

बात यह हुई कि जिस जंगल में यह अपने झुण्ड में साथ रहा करता था वहां दूसरे जंगल से एक और बड़ा नर हाथी आ गया। अपने राज्य में दूसरे गजराज को कैसे देख सकता था ? उसे देखते ही इसने युद्ध के लिए ललकारा। डटकर लड़ाई हुई। शक्ति की इस परीक्षा में दूसरा गजराज मारा तो गया, परन्तु ज़बर्दस्त भिड़न्त में इसका एक दांत टूट गया।

इस घटना को बीते कई साल गुज़र गए। मारे गए हाथी की हड्डियों को भी लोग उठा ले गए जिन्हें जोड़कर अजायबघर में शानदान पंजर खड़ाकर दिया गया। लेकिन, इस एकदन्ता गजराज के बल में और मस्ती में कोई कमी नहीं आई। जंगल में रहने वालों से इसकी अनेक कहानियां सुनकर हम लोग एक सप्ताह से इसकी तलाश में थे। हमने कई नालों व सोतों को पार किया। अनेक पहाड़ियों को लांघा। एक सुबह हम ऐसी घाटी में पहुंचे जहां हाथियों का एक झुण्ड घास चरने में लगा था। एक कतार बनाकर उन्होंने सारी घाटी की नाकाबन्दी कर ली थी। जीते-जागते टैंकों की रक्षा पंक्ति को तोड़ने की हिम्मत किसे हो सकती थी ?

दूरबीन से जब हम इस झुण्ड के सदस्यों की हरकतों का ग़ौर कर रहे थे तब सबसे पहले इसी एकदन्ते ने हमें आकृष्ट किया। मस्ती में यह झूम रहा था। मालूम पड़ता था कि यह अपने विशाल मस्तक और भारी सूंड के बोझ को भी नहीं सम्हाल पा रहा था। कभी-कभी यह सूंड के सिरे को खम्भे की तरह ज़मीन पर टेक देता था। कुछ क्षणों के लिए अपने मस्तक के बोझ को उस पर छोड़ देता था। फिर शराबी की तरह झूमने लगता था। अजीब मस्ती थी इसमें!

एकदन्ता होने के कारण हमारे मन में सबसे पहला ख़याल यह आया कि कहीं यह लागू हाथी तो नहीं लड़ाई में हारा हुआ या किसी कारण दूसरे हाथियों से अपमानित हुआ हाथी क्रोधी बन जाया करता है। वह बिना बात ही इंसान पर हमला करने लगता है। ऐसे हाथी को लागू हाथी कहते हैं। यदि यह किसी आदमी को जान से मार डाले तो उसे ख़ूनी हाथी घोषित कर दिया जाता है।

जंगल में जाते समय इस प्रकार के हाथियों से बहुत सावधान रहना पड़ता है। झाड़ियों में छिपते-छिपते हम इसके इतना पास पहुंच गए कि वहां से अच्छे फ़ोटो खींचे जा सकते थे। उस समय वह घास चर रहा था।

कुछ ही देर में यह आहिस्ता-आहिस्ता हमारी ओर बढ़ने लगा। एक गड्ढे के पास आकर रुक गया जो कि हमसे दस-बारह क़दम दूर रहा होगा। कभी तो यह अपने पैर से ठोकर मारकर मिट्टी को खोदने लग जाता था और फिर उसे सूंड में भरकर अपने ऊपर फेक देता था। हवा के झोंकों के साथ उड़ती हुई धूल हमारे ऊपर आ जाती थी। हम अपने कैमरों को छुपा लेते थे।

हवा बहनी बन्द हो जाती थी तो यह सूंड के सिरे को हवा में ऊपर उठा लेता। कभी दायें घुमाता था, कभी बायें और कभी उसे मस्तक के ऊपर ले जाता था। सूंड के सिरे को खोलकर वह इस तरीक़े से कंपकंपाता था, मानो हवा में से

किसी बेहद बारीक चीज़ को टटोल रहा हो। वास्तव में, हाथियों का यह गन्ध को पकड़ने का तरीक़ा है। ज़रा-सा भी सन्देह हो जाने पर वे सूंड के अग्रभाग के द्वारा हवा में से अजनबी की गन्ध को पकड़ लेते हैं। इसलिए जंगली हाथियों के अध्ययन करते समय हवा के रुख़ का ख़ास तौर पर ध्यान रखा जाता है। भाग्यवश, आज हवा हमारे अनुकूल थी। इसलिए हम मज़े से अपना काम करते जा रहे थे।

दूरबीन से देखने पर हमें इस हाथी के बारे में और भी दिलचस्प बातें पता लगीं। हाथियों के कपोलों पर दोनों ओर एक-एक छिद्र होता है, जिसे दान कहते

हैं। नर हाथी जब मस्ती में आता है तब दानों में से मद बहना शुरू हो जाता है। इस एकदन्ते के दानों में से चौड़ी पट्टी के रूप में मद टपकने लगा था। दूरबीन से तो सचमुच मद की चौड़ी धारा दिखाई दे रही थी। हवा के झोंको के साथ मद की मादक गन्ध नथुनों में भी दाख़िल हो रही थी। इस कस्तूरी जैसी गन्ध से घाटी महक उठी थी।

इसे मद में उन्मत्त देखकर कोई हाथी इसके पास नहीं फटकता था। इस झुण्ड में और भी दो दन्तुर थे जो दूर खड़े थे। वहीं से वे एकदन्ते की गतिविधियों को देख रहे थे।

तेंतालीस

चेहरे की सिलाई

चालीस वर्षीय मुकुन्दा गढ़वाल के ग्वीराला गांव (डाकघर बल्ली) में रहता था। निबटने के लिए सुबह खेतों में गया था। तिमला के एक पेड़ के नीचे वह बैठ गया। मई का महीना था। तिमला के फल पक गए थे, जो दिन में बच्चों को, बन्दरों को तथा पंछियों को आकृष्ट करते थे और रात को चमगादड़ों तथा भालुओं को आमन्त्रित करते थे।

मुकुन्दे को क्या पता था कि पेट भरने के लिए एक भालू पेड़ के ऊपर चढ़ा हो सकता है। नीचे उतरकर जब भालू झपटा तब मुकुन्दा चौंक गया। लेकिन उसके होश-हवास क़ायम रहे। मुकुन्दा बहादुर था और प्रत्युत्पन्नमति भी। निहत्था होने के बावजूद उसने यथाशक्ति मुक़ाबला किया। बुरी तरह ज़ख़्मी करके भालू भाग गया।

मुकन्दे का बाईं तरफ़ का आधे से अधिक चेहरा भालू ने नोच लिया था। बाईं तरफ़ की नाक, ऊपरला और निचला होंठ, पूरा कान तथा पूरी आंख बाहर लटक रही थी। नाक के अन्दर तथा तालू को भी भालू ने चीर दिया था। ज़ख़्म ऐसे बेढंगे थे कि मांस के कई लोथड़े ढीले लटक रहे थे।

दुर्घटना के छत्तीस घण्टे के बाद मुकुन्दे को गुरुकुल कांगड़ी के श्रद्धानन्द सेवाश्रम में लाया गया। ज़ख़्मों पर से ख़ून जितना बहना था, बह चुका था। उन पर सूखा ख़ून चिपका हुआ था। मुकुन्दे में गजब की जीवन–शक्ति थी। अपने गांव से चौबीस किलोमीटर दूर उसे चारपाई पर पौड़ी ले गए। पौड़ी से पहाड़ी मार्ग पर उसने बस पर यात्रा की और चण्डी घाट पहुंचा। गंगा को उसने किश्ती से पार किया। उसके बाद साढ़े छह किलोमीटर रिक्शा पर गया। रिक्शा से उतर कर दो सौ क़दम चलकर डौक्टर के पास पहुंचा।

एक गन्दे कपड़े से उसने सिर लपेट रखा था। हैरानी की बात है कि उसके ज़ख़्म सेप्टिक नहीं हुए। पौड़ी में उसे 1.500 यूनिट एण्टीटिटेनस सीरप और चार लाख प्रोकेन पैनिसिलीन के दो इंजेक्शन दे दिए गए थे।

सेवाश्रम के सर्जन केवल कृष्ण ठुकराल ने अपने पूर्व निर्धारित सब कार्यक्रम रद्द कर दिए और सेवाश्रम हाउस सर्जन ओम प्रकाश खन्ना के साथ औपरेशन थियेटर में चले गए। दोनों सर्जन अपने पेशे में कुशल थे।

होंठ कट जाने से मुकुन्दा चुस्की भरकर दूध या पानी नहीं पी सकता था। लम्बी गर्दन वाली एक बोतल में दूध भरकर उसके हलक में एक-एक घूंट डाल दिया जाता था, जिसे वह आहिस्ता से गटक जाता था।

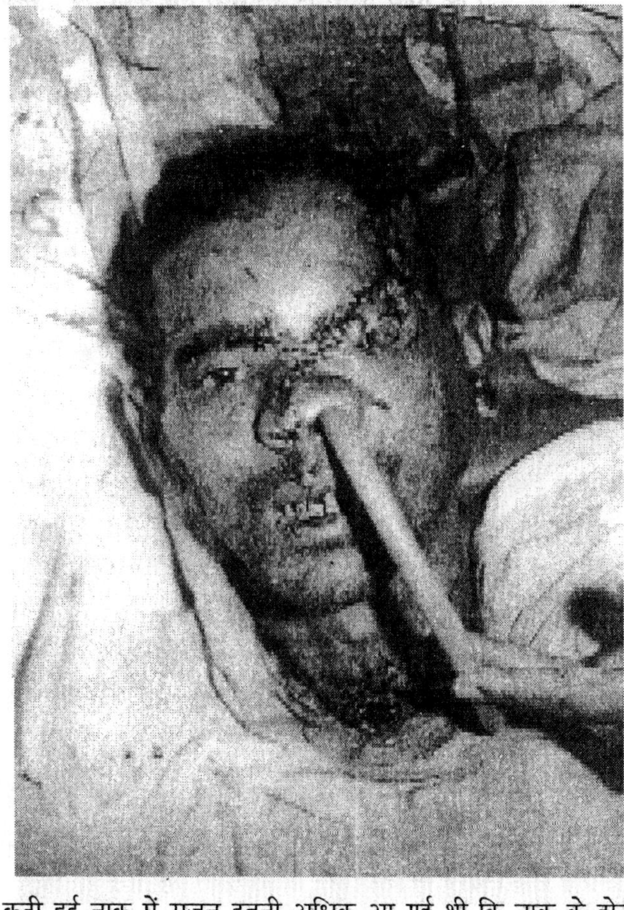

कटी हुई नाक में सूजन इतनी अधिक आ गई थी कि नाक के दोनों छिद्र क़रीब-क़रीब बन्द हो गए थे। उसे मुंह से सांस लेना पड़ रहा था। सर्जन के सामने श्वास–प्रश्वास की प्रक्रिया को ठीक तरह ज़ारी रखना सबसे पहली समस्या थी।

दूसरे उपद्रवों से तो रोगी जैसे-तैसे जूझता रह सकता था, लेकिन सांस रुकने का सीधा मतलब मौत था। लटकती हुई नाक को ठीक जगह रखकर ठुकराल ने टांके लगाए। नाक के स्थाई रूप से बन्द हो जाने की आशंका थी। इससे बचने के लिए नाक में रबर की नली डाल दी। रोगी के ट्रेकिया में छेदकर दूसरी नली डाल दी जिसके द्वारा सांस लिया जाता रहे।

चेहरे और माथे के लोथड़े ऐसे बेहिसाब लटक रहे थे कि यह पता लगाना कठिन था कि कौन-सा मांस किस जगह बैठेगा। सूट की सिलाई करते समय दर्जी जिस तरह पहले कच्चे टांके लगाया करता है, उसी तरह सर्जन ने लोथड़ों को अन्दाज़ से उनके ठिकाने पर बैठाकर अस्थायी टांके लगाए। देखभाल करने के बाद फिर पक्की सिलाई कर दी। कम-से-कम सौ टांके तो लगाने ही पड़े होंगे।

औपरेशन के दौरान सर्जन ने देखा कि आंख का गोलक साबुत है और उसके साथ दृष्टि नाड़ी (औप्टिक नर्व) भी जुड़ी हुई है। इसलिए औपरेशन करके आंख बैठा देने के बाद उसमें देखने की शक्ति आ गई।

रोगी भाग्यशाली था और बेहद सहनशील। औपरेशन की पीड़ा से बचने के लिए रोगी को क्लोरोफ़ौर्म सुंघाकर बेहोश कर दिया जाता है, लेकिन मुकुन्दे ने क्लोरोफ़ौर्म सुंघाने की ज़रूरत से इनकार कर दिया था। तेरह मई, 1970 को शाम पांच बजे औपरेशन शुरू हुआ और रात ग्यारह बजे ख़त्म हुआ। ठुकराल, खन्ना और सहायकों के धीरज की परीक्षा थी। दर्शक-दीर्घा में बैठे हुए गुरुकुल आयुर्वेदिक कौलेज के छात्र भी इन छह घण्टों तक सर्जन की अंगुलियों की करामात को अपलक देखते रहे।

छह घण्टे के लम्बे औपरेशन में मुकुन्दे ने एक बार भी हाय नहीं की। उसे बेहोश नहीं किया गया था। वह स्थिर चित्त लेटा रहा। हां, आंख के टांके लगाते समय उसने ज़रा दर्द महसूस किया।

तेरह मई से तेरह जून तक मुकुन्दा सेवाश्रम में रहा। छठे दिन ट्रेकिया से ट्यूब निकाल दी गई थी। एक महीने में पूर्ण स्वस्थ होकर मुकुन्दा अपने घर चला गया था। यह पेचीदा औपरेशन पूरी तरह सफल रहा। ज़ख़्मों में न पीप पड़ी और न ही वे सेप्टिक हुए। सेवाश्रम में पहुंचने में यदि एक दिन की देरी हो जाती तो परिणाम इतने संतोषजनक न होते। ज़ख़्मी तंतुओं के सड़ने तथा मरने के अवसर बढ़ जाते और सर्जन तथा रोगी दोनों को अनेक उपद्रवों से जूझना पड़ता।

चवालीस

रात भर बिलखते रहे

उड़ीसा राज्य के सिम्लीपाल टाइगर रिज़र्व में पच्चीस हाथियों का झुण्ड रहता था। इसमें कुछ धुई थीं। जिन हथिनियों के साथ दुधमुंहे बच्चे हों उन्हें धुई कहते हैं। दांव लगे तो हाथी के छोटे बच्चे को शेर मार लेता है। झुण्ड के बड़े दतैल और बड़ी हथिनियां बच्चों की रक्षा करती हैं।

सरदियों में घास कम हो जाती है। हाथियों के बड़े झुण्ड को जंगल के एक खण्ड में काफ़ी खाना नहीं मिलता। वे टोलियों में बटकर अलग-अलग वनखण्डों में चरने चले जाते हैं।

1988 के दिसम्बर महीने का पहला सप्ताह गुज़र रहा था। उन दिनों सिम्लीपाल जंगलों के हाथी दो टोलियों में बटकर बाराकमारा-तिनाधिया सड़क के साथ चौड़ में चर रहे थे।

एक धुई का दो साल का बच्चा था। झुण्ड में सबसे छोटा यही था। वह मां का दूध चूंघता था। हाथी के बच्चे पांच साल तक भी मां का दूध चूंघते देखे गए हैं।

इस बच्चे ने जंगल की घास-पत्ती को मुंह लगाना शुरू कर दिया था। झाड़ियों, पेड़ों और पगडण्डियों को जानने-पहिचानने की स्वाभाविक इच्छा उसमें पैदा हो चुकी थी।

एक सुबह वह अपनी टोली से ज़रा अलग होकर नाले की तरफ़ जा रहा था। रात का दौरा लगाने के बाद उस इलाक़े का शेर वहीं सो रहा था। वह बच्चे पर झपट पड़ा। बच्चा चिंघाड़ा, चिंघाड़ा सुनकर सभी हाथी उसे बचाने दौड़े। बड़े हाथियों के सामने शेर नहीं टिका उसे छोड़कर नाले में चला गया।

शेर का हमला इतना ज़ोरदार था कि कुछ ही क्षणों में उसने बच्चे को बुरी तरह ज़ख़्मी कर दिया। सबसे बड़ा घाव सिर पर था। सयाने हाथी उसे ऊपरी बाराकमारा में रेंज औफ़िस के सामने ले गए। जंगल के जानवरों की देखभाल और

रक्षा करना, रेंज अफ़सर की ज़िम्मेदारी होती है। उसके दफ़्तर के सामने पहुंचकर हाथी मानो अपने को सुरक्षित अनुभव कर रहे थे।

कुछ देर बाद आधे हाथी चरने लग गए। बाक़ी हाथी ज़ख़्मी बच्चे की निगरानी में वहीं डटे रहे। उसकी मां सूंड में घास का पूला उठाकर चंवर डुलाती रही जिससे घाव पर मक्खियां न बैठें। उसकी आंखों से आंसुओं की धारा टपक रही थी।

दूध भर जाने से उसके ऊधस तन गए थे। बच्चा इतना ज़ख़्मी हो गया था कि दूध नहीं चूंघ सकता था। जंगल में जानवरों के छोटे-मोटे घाव प्रकृति ख़ुद ठीक कर दिया करती है। पर इस बच्चे के घाव जानलेवा थे। अगले दिन उसने दम तोड़ दिया।

मरने की ख़बर मिलते ही चरने के लिए गए हुए हाथी लौट आए। रेंज औफ़िस के सामने सभी शोक सभा में शमिल हो गए। शव को घेरकर सारी रात वहीं खड़े रहे। उनकी आंखें आंसू बहाती रहीं। वे चिंघाड़ते, रोते और बिलखते रहे।

पैंतालीस

तीन गायों का शिकार

1961 की बात है। मैं अपने परिवार के साथ गिरवन में गया हुआ था। हम लोग सासन रेस्ट हाउस में ठहरे थे। जून के दूसरे सप्ताह में ही उस साल मौनसून का ज़ोर हो गया था। रुक-रुककर बारिश की झड़ी लग जाती थी। भीगा हुआ एक मानधारी हमारे कमरे में दाख़िल हुआ। उसने बताया कि एक सिंहनी ने अभी-अभी एक गाय मार ली है।

मैं और राजेश बेदी तुरन्त एक बन्दूकची के साथ उधर दौड़े।

मूसलाधार बारिश में कैमरे को बचाना था, वेग से बहते हुए बरसाती नालों को पार करना था, चिकनी धरती पर रपटन बहुत थी और रास्ता भी कंटीला था। हमारा बन्दूकची गाईड होशियार था। उसने जल्दी ही हमें वारदात की जगह पर पहुंचा दिया। वहां एक जवान गाय मरी पड़ी थी। उसकी गरदन पर सिंहनी के दांतों के गड़ने के निशान पड़े थे।

सिंहनी के पैरों के चिह्नों का पीछा करते हुए हम दो सौ क़दम और बढ़ गए। हमें सिंहनी द्वारा दबोची हुई दूसरी गाय मिल गई। इसकी भी गरदन उसने तोड़ी थी। यह गाय अब तक ज़िन्दा थी। हमें देखकर उसकी आंखों से आंसू बहने लगे। इसका मेरुदण्ड टूट चुका था, इसलिए यह कुछ घड़ी की ही मेहमान थी।

पद-चिह्नों के साथ-साथ, हम सिंहनी की तलाश में निकले। दो सौ क़दम की दूरी पर तीसरी गाय मरी पड़ी थी। जिसके पिछले पुट्ठे को उसने खाना शुरू कर दिया था। घाव में मांस की पेशियों में ख़ून अब भी हरकत कर रहा था।

सारा ही क़िस्सा विस्मयजनक और रोमांचक था। मैंने इस सबका सिलसिलेवार पूरा फ़ोटोग्राफ़िक रिकौर्ड बना लिया।

उसके बाद तीसरी गाय को नाले से ऊपर निकलवाया। उससे कोई पचास क़दम के फ़ासले पर टहनियों को काटकर ओट बनाई और उसके पीछे ज़मीन पर ही मैं, राजेश और गाईड बैठ गए। बारिश अपनी स्वाभाविक गति से पड़ रही थी।

सिंहनी नाले में छिपी बैठी थी। उसे जब विश्वास हो गया कि सब आदमी जा चुके हैं और लाश अकेली पड़ी है तो वह नाले में से निकल आई।

मैंने उसे पहले नाले के दूसरे पार देखा। बारिश में वह भीगी हुई थी। उसने एक बार देह को छिटका और बारिश का पानी गिराया। फिर इधर-उधर देखकर

सारे हालात का जायज़ा लिया और तब एकदम झाड़ियों को चीरती हुई लाश पर आ गई। ऐसा दृश्य मैंने पहले कभी नही देखा था। उस पार, जहां पहले सिंहनी प्रकट हुई थी, उसके दो बच्चे बैठे थे जो लगातार अपनी मां को देख रहे थे।

मेरी आंखों के सामने यह ख़ूनख़राबा हो रहा था। मैं अविचल होकर देखता रहा।

यही जंगल का सिलसिला है, यही जंगल का क़ानून है; जीव का भोजन जीव जो ठहरा!

छियालीस

आज़ादी की चाह

दिल्ली के चिड़ियाघर में अफ़्रीकी नस्ल की एक मादा गेंडी थी। उसका नाम बीना था। वह दिल्ली चिड़ियाघर में ही पैदा हुई थी।

जवानी में क़दम बढ़ाने पर बीना के श्याम रंग के बदन पर निखार आ गया था। प्रजनन के योग्य हो गई थी जिससे अधिक आकर्षक और ख़ूबसूरत बन गई थी। गेंडों के पालक बीना को श्याम सुन्दरी कहने लगे।

जानवरों की अदला-बदली कार्यक्रम के अधीन 1989 की मध्य जनवरी में श्याम सुन्दरी को अमेरिका के ओकलाहामा चिड़ियाघर में भेजा जा रहा था। उसकी

हवाई यात्रा के लिए लकड़ी के फट्टों को जड़कर एक मज़बूत पिंजरा बनाया गया। यह साढ़े चार मीटर लम्बा, डेढ़ मीटर चौड़ा और सवा दो मीटर ऊंचा था। बीना का वज़न चार टन और उम्र आठ साल थी। उसकी उम्र वज़न और ताक़त का

विचार रखते हुए पिंजरा मज़बूत बनाया गया था।

बोझा ढोने वाली एक लौरी में बीना का पिंजरा लादा गया। विदेश यात्रा के लिए उसे चिड़ियाघर से इन्दिरा गांधी अन्तर्राष्ट्रीय हवाई अड्डे ले जाया जा रहा था। आहिस्ता-आहिस्ता हुई लौरी के आगे-पीछे चिड़ियाघर के अफ़सर और कर्मचारी वाहनों में जा रहे थे। नई दिल्ली की पौश कालोनियों से गुज़रता हुआ यह काफ़िला किसी महत्त्वपूर्ण व्यक्ति की अगुआई का जुलूस लगता था। श्याम सुन्दरी सचमुच महत्त्वपूर्ण बन गई थी।

कुछ गेंडों को शोर से सख़्त नफ़रत होती है। दिल्ली की सड़कों पर उठने वाला कोलाहल प्रदूषण की अधिकतम सीमा को लांघ जाता है। चिड़ियाघर के बड़े फाटक से निकलकर लौरी जब मुख्य सड़क पर पहुंची तभी से चारों ओर उठने वाले शोर से बीना के कान फटने लगे। पर वह लाचार थी। चुपचाप बर्दाश्त करती रही। अपनी नाराज़गी जतलाने के लिए बीच-बीच में हुंकार देती थी। बस।

डिफ़ेंस कौलोनी के इलाक़े से श्याम सुन्दरी का काफ़िला धीरे-धीरे बढ़ रहा था। एक जगह रास्ता जाम था। मालवाही ट्रकों ने पूरी क्षमता से भोंपू बजाने शुरू किए। उनकी आवाज़ सीधे बीना के कानों से टकराती थी। उसके कान फटे जा रहे थे। इन्सान के पागलपन को अधिक बर्दाश्त करने का धैर्य उसमें ख़त्म हो गया। वह भड़क गई। कठघरे के अन्दर उछलने-कूदने लगी। उसे तोड़कर भाग निकलने की कोशिश करने लगी।

विदेश यात्रा के लिए अच्छे-अच्छे लालायित रहते हैं। पर श्याम सुन्दरी ने जैसे गोरों के देश में जाने के खिलाफ़ बगावत कर दी थी। वह इस हद तक नाराज़गी प्रकट कर रही थी कि लौरी पलटने का ख़तरा नज़र आने लगा था। ड्राइवर को एकाएक ब्रेक लगाना पड़ा। अचानक गाड़ी का झटका लगने से वह अधिक परेशान हो गई।

गाड़ी के रुकते ही सैकड़ों तमाशबीन इर्द-गिर्द जमा हो गए। वे श्याम सुन्दरी को कठघरे के साथ जूझते हुए देख रहे थे। उसके हमले भयंकर थे। आज़ाद होने की चाहत में उसे मामूली-सी कामयाबी मिली। उसने दो-चार फट्टे चटका दिए।

इस जंगली ताक़त को देखकर तमाशबीनों के होश ग़ायब हो गए। तुरन्त भाग खड़े हुए। उनके मन में गेंडे के छूट जाने का भय समाया था। उसे उन्होंने मूर्त रूप दे दिया, अफ़वाह फैला दी कि एक गेंडा छूट भागा है और सड़कों पर आवारा

घूम रहा है। मालूम नहीं वह किधर रुख़ अख़्तियार कर ले। उसके सामने जो पड़ेगा उसकी ख़ैर नहीं। भले शहर के अमनपसन्द नागरिकों में दहशत से अफ़रातफ़री मच गई।

श्याम सुन्दरी अच्छे स्वभाव वाली गेंडी थी। चिड़ियाघर में रखवाले के साथ उसका बरताव सहयोग का रहता था। वह उसके आदेशों का पालन करती थी। जवानी के तकाज़े के कारण वह महीने में एक या दो बार गरमी में आ जाया करती थी। उन दिनों वह तुनक-मिज़ाज हो जाया करती थी। उस समय उसे गेंडे के साथ जोड़ा बनाने की ज़रूरत होती थी। चिड़ियाघर वालों के लिए यह कठिनाई थी कि उनके पास अफ्रीकी नस्ल का गेंडा नहीं था। ओकलहामा में उसके अनुरूप एक गेंडा मौजूद था, जिससे उसकी शादी कराने की योजना बनाई गई थी। वैसे ओकलहामा की यात्रा के दौरान वह गरमी में नहीं थी।

यात्रा से पहले वह अपना पूरा भोजन खाकर तृप्त हो चुकी थी। उसने पिचहत्तर किलोग्राम चारा, पन्द्रह किलोग्राम अनाज-दाल का मिश्रण और एक दर्जन केले खाए थे। उसके एक दिन के भोजन पर क़रीब साठ रुपये ख़र्च होते थे।

ख़तरे से निपटने के लिए बचाव के सभी स्रोतों को बुला लिया गया। पुलिस दल फौरन मौक़े पर पहुंच गया। उसने इलाक़े को घेर लिया। दिल्ली चिड़ियाघर के बीस लोगों की मदद के लिए कोई तीस पुलिस वाले जुटे रहे। इनमें दो इंस्पेक्टर और छह सब-इंस्पेक्टर थे। जंगली जानवरों को पालने और उन्हें वश में रखने का सबसे बड़ा गुर स्नेह है। चिड़ियाघर में बीना के रखवाले मनीराम ने इस गुरुमंत्र को सिद्ध कर रखा था। उसने श्याम सुन्दरी के साथ स्नेह से बातें करनी शुरू कीं। उसे प्यार-भरी थपकियां दीं। उसका मनपसन्द आहार अनाज-दाल का मिश्रण और केले खिलाए। इस तरह उसके मिज़ाज को शान्त किया। इसके बाद उसे सही-सलामत चिड़ियाघर में वापिस ले आया गया। उसका सड़क-नाटक क़रीब तीन घण्टे चला होगा। उसकी अमरीकी यात्रा एक हफ़्ते के लिए टालनी पड़ी।

सैंतालीस

ख़ूंखार तेंदुआ और फ़िल्मी हीरो

अमेरिका का रिगलिंग सरकस अच्छा लोकप्रिय था। उसके दर्जनों जानवरों में से सोनिया ने दर्शकों के मन में गहरी छाप डाली थी। वह चार साल की मादा तेंदुआ थी। उसकी सुनहरी आंखों में कशिश थी। छोटे-बड़े सभी उसके करतबों की तारीफ़ करते थे। जिस नगर के दौरे पर रिंगलिंग जाता वहां के अख़बारों में उसके फ़ोटो छपते थे।

सोनिया की करतबों की कीर्ति फैलती हुई हौलीवुड जा पहुंची। वहां एक कम्पनी जंगल जिम फ़िल्म बना रही थी।

उसके एक दृश्य में यह दिखाया जाना था कि हीरो जंगल से गुज़र रहा है। पेड़ के ऊपर बैठा हुआ तेंदुआ उस पर हमलाकर देता है। दोनों में लड़ाई ठन जाती है। अन्त में हीरो तेंदुए को मार देता है।

फ़िल्म बनाने वालों की कठिनाई यह थी कि असली हीरो तेंदुए से लड़ने को तैयार नहीं था।

फ़िल्म निर्माताओं को रिंगलिंग के मालिक से पता चला कि सोनिया का उस्ताद रिंग मास्टर दामू धोत्रे है। उसके द्वारा दी गई गहन ट्रेनिंग के फलस्वरूप ही वह उत्कृष्ट कलाकार बनी है और सरकस में सफलता की ऊंची सीढ़ी पर पहुंची है। दामू सुगठित देह वाला भारतीय जवान था।

हीरो और तेंदुए की लड़ाई के दृश्य में हीरो की भूमिका निभाने के लिए दामू तैयार हो गया।

काम कठिन था और जोख़िम से ख़ाली नहीं था। उस्ताद चाहे कितना भी कुशल और अनुभवी हो, जंगली जानवर को घरेलू जानवर की तरह नहीं समझ सकता। हिंसक जानवर का भरोसा नहीं कि कब वह ज़रा-सी बात पर उत्तेजित हो जाए और अपना क्रूर रूप दिखा दे।

दामू ने सोनिया को पेड़ पर चढ़कर डाल से कूदने की ट्रेनिंग देनी शुरू की।

वह डाल से कूदकर उसकी गोदी में आने लगी। इस ट्रेनिंग के दौरान सोनिया का उत्साह बनाए रखने के लिए दामू उसे गोश्त की बोटियां खिलाता। उसे शाबाशी देता था और उसे थपथपाता था। फ़िल्म के सारे दृश्यों के लिए वह उसे तरह-तरह

की ट्रेनिंग देता रहा। दामू निश्चित रूप से अपने लक्ष्य की तरफ़ स्थिरता से बढ़ रहा था। उसकी सफ़लता का अन्दाज़ा इससे लगाया जा सकता है कि वह सोनिया को जो भी कहता वह झट मान जाती और कर देती।

दृश्य को फ़िल्माने के लिए सब कुछ तैयार हो गया। कैमरे-वग़ैरह सेट कर

लिए गए। तभी एक निहायत मूर्खतापूर्ण बात हो गई। आज दामू को हीरो की वेशभूषा में और पूरे मेकअप के बाद सोनिया के सामने आना था। अब तक वह अपनी असली पोशाक में ही उसे ट्रेनिंग देता आया था। दामू के काले शरीर को मेक-अप करके गोरा बनाया गया। ख़ुशबूदार सफ़ेद पाउडर की सुगन्ध से उसका शरीर महक रहा था।

जानवर अपने मालिक को पहले देखता है, फिर सूंघता है। आज दामू नए वेश में बिलकुल अजनबी-सा बन गया था। इस रूप को देखकर सोनिया का रुख़ भी बदल गया। वह बिजली की तेज़ी से उस पर झपटी। दामू ने भांप लिया कि वह अभिनय नहीं कर रही, बल्कि हमला करने पर उतारू है। उसके मुख पर भयंकर तेज़ी तथा क्रोध आ गया था। उसके पंजे खुल गए थे।

दामू समझ गया कि सोनिया ने उसे पहिचाना नहीं है। उसने उसका नाम लेकर सोनिया से बातें करनी शुरू कर दीं। वह उसे राह पर ले आया और शूटिंग पूरा कराया।

सोनिया एक कुशल अदाकार बन गई थी। दामू की कमर में पंजा फंसाकर उसके संग नाचती थी। उसकी छाती के साथ सटकर खड़ी हो जाती थी। उसके कन्धे पर अपना मुंह रखकर आराम करती थी। दामू उसे अपनी बांहों में बांध लेता था।

अड़तालीस

इन्सान उसकी ख़ुराक नहीं थी

सन् 1978 के मध्य जनवरी की बात है। उदयपुर (राजस्थान) के कुम्भलगढ़ क्षेत्र में भोला की अड के बीच दला सिंह लकड़ी काट रहा था। उसकी उम्र चालीस साल होगी। तीन भालू उस पर पिल पड़े। वह ज़ोर-ज़ोर से चिल्लाया। साथ ही अपनी कुल्हाड़ी से उन पर टूट पड़ा। पच्चीस-तीस मिनट के मल्लयुद्ध में दला

सिंह ने भालुओं पर ज़बर्दस्त प्रहार कर उन्हें घायल कर दिया। भालुओं ने भी उसे कई जगह से नोच डाला। इतने में गांव के लोग सहायता के लिए पहुंच गए। उन्होंने भालुओं को खदेड़ दिया। गम्भीर रूप से घायल दला सिंह को उदयपुर के हस्पताल में भरती करा दिया।

1952 के शुरू एप्रिल में ऐसी ही घटना त्रिचूर से बारह किलोमीटर दूर पुदुक्कड़ के नज़दीक वल्लकुलम एस्टेट में घटी। चालीस वर्षीय बलदान वहां जड़ी-बूटियों का संग्रह कर रहा था। नज़दीक के जंगल से भटककर एस्टेट में आया एक भालू उस पर झपट पड़ा। निहत्थे आदमी और जानवर के बीच घण्टे भर युद्ध होता

रहा। आख़िर बलदान ने जानवर पर विजय पा ली। पर युद्ध का मैदान छोड़ने से पहले उसने बलदान का काफ़ी मांस नोच लिया था। इलाज के लिए उसे हस्पताल में रहना पड़ा था।

मिज़ोरम में हाउलोंग गांव के नज़दीक जंगल में अगस्त, 1978 में जांगकुमा और उसके दो साथी रोजिका तथा लालमांगेहा शिकार खेलने गए। वहां रोजिका पर एक दैत्याकार भालू झपटा। लालमांगेहा उसे बचाने आया। भालू उस पर भी

टूट पड़ा। ख़तरे की परवाह किए बग़ैर जांगकुमा ने अपने भाले से भालू पर हमला कर दिया। यह कारगर नहीं हुआ। तब उसने दाव उठा लिया और सिर पर कसकर जड़ दिया जिससे वह ढेर हो गया। उसने बहादुरी से अपने साथियों को बचा लिया।

दैत्य से जूझते हुए वह गम्भीर रूप से ज़ख़्मी हो गया था। उसे हस्पताल पहुंचाना पड़ा था।

भालू मूल रूप से मांसाहारी नहीं है। यदि मांसाहारी होता तो प्रकृति उसे मनुष्य जैसे जीवों को मारने की कला भी सिखा देती। विडाल वंश के जीवों का आहार मांस ही है। इसलिए प्रकृति ने उन्हें दूसरे प्राणियों को मारने के प्रभावशाली तरीक़े भी सिखा दिए हैं। वे सीधा उसकी गरदन पर वार करके उसके जीवन के स्रोत मेरुदण्ड को तोड़ देते हैं। गरदन को भींचकर दम घोट देते हैं। तब उसे उठा ले जाते हैं और एकान्त में खाते हैं।

भालुओं द्वारा घायल किए बहुत-से लोगों का मुझे पता है। भालू को जान से मारने का पूरा मौक़ा भी उन्हें मिल गया था। उसने ऐसा नहीं किया, क्योंकि इनसान उसका भोजन नहीं था। भालू इनसान को अपना दुश्मन समझ कर ही उस पर हमला करते रहे हैं। इनसान का चेहरा, सिर या जो भी हिस्सा सामने पड़ता है उसे हबड़-दबड़ में नोचकर भाग जाते हैं।

उनचास

ढाका के जातकों को देखने के लिए बेताब

न्यूयौर्क ज़ुओलोजिकल सोसाइटी की पशुवाटिका में एक शेरनी थी। पशुवाटिका में उसे कई साल गुज़र गए। वह बूढ़ी होने लगी। उसकी खाल पीली पड़ गई और बालों का रंग फीका पड़ गया। बुढ़ापा आ जाने पर भी उसने एक ब्यात में दो बच्चों को जन्म दिया। इस शेरनी का मूल घर बंगाल था। इस बात को ध्यान में रखते हुए पशुवाटिका के डायरेक्टर ने एक बच्चे का नाम ढाका रखा और दूसरे का राजपुर। बच्चों के जन्म के बाद पता चला कि बुढ़ापे का असर मां के थनों पर भी पड़ा है। उनमें दूध ही नहीं उतरा। इस हालात में उन्हें सूखी मां के रहम पर छोड़ना मुनासिब नहीं था। उनका पालक उनकी गिरती हुई सेहत से बहुत चिन्तित था। वह उन्हें अपने घर पर रखकर पालना चाहता था। इसके लिए उसे इज़ाज़त मिल गई। बोतल द्वारा दूध पिलाकर उन्हें पाला गया। जब वे बड़े हो गए तब उन्हें वापिस पशुवाटिका की कोठरी में रख दिया गया।

चार साल बाद ढाका ने चार बच्चों को जन्म दिया। न्यूयौर्क की पशुवाटिकाओं में शेरनी का बच्चे देना सामान्य बात नहीं थी, इसलिए यह बड़ा ख़ुशी और उत्साह का दिन बन गया था। शेरनियां एकान्त में बच्चे दिया करती हैं। इसलिए ढाका की कोठरी के एक हिस्से को अस्थायी रूप से बन्द करके जच्चा के लिए एकान्त बना दिया गया था। अन्दर के प्रसूति-गृह में वह अपने नवजात शिशुओं के साथ छुपी हुई थी। वह दिन भर शिशुओं के साथ लेटी रहती थी और उन्हें दूध पिलाती रहती थी।

पशुवाटिका में सबसे अधिक ख़ुशी ढाका के पालक और उसकी पत्नी को थी। उन्होंने उसे पालने में घोर तपस्या की थी और कड़ी मेहनत की थी। उन्हें वह अपनी बच्ची के समान प्यारी थी। ढाका को भी उनसे सगे मां-बाप के समान प्यार मिला था। उसके ये मां-बाप ढाका की कोठरी के बाहर सीखंचों से सटकर खड़े थे। उनकी उत्सुक आंखें प्रसूति-गृह की तरफ़ टकटकी बांधे हुई थीं। नए बच्चों की झांकी लेने के लिए उनके दिल बेताब थे। पालक की पत्नी ने मृदुल स्वर में

ढाका को पुकारा। उसके बुलाने पर वह सीखचों के पास आ जाया करती थी। दोनों जने उसके माथे पर हाथ फेरा करते थे। उसकी पीठ सहलाया करते थे और उससे बातें किया करते थे।

ढाका अचानक प्रकट हो गई। उसने मुंह में एक बच्चा उठाया हुआ था। वह अपने मां-बाप को दिखाने लाई थी। बच्चे की आंखें बन्द थीं। वह ऐसा लगता

था कि मांस के लाल-लाल पिण्ड पर किसी बच्चे ने मोटे ब्रश से काली धारियां खींच दी हैं। और, विधाता ने उसमें जान फूंक दी है। कोमल बच्चे को हिलता हुआ देखकर 'मां-बाप' की आंखों में चमक आ गई। ख़ुशी में उनकी आंखें छलछला आईं।

उसके बाद एक-एक करके वह सभी बच्चों को दिखाने लाई। वह अपने 'मां-बाप' के प्रति कृतज्ञता का प्रदर्शन कर रही थी।

पचास

नन्हे छौने के साथ लौटी

कौर्बेट नेशनल पार्क पन्द्रह जून के बाद टूरिस्टों के लिए बन्द कर दिया जाता है। पार्क का मुख्य केन्द्र ढिकाला में है। वहां का अधिकांश स्टाफ़ रामनगर भेज दिया जाता है। सरकारी सम्पत्ति की रक्षा के लिए इने-गिने कर्मचारी बच रहते हैं। बरसात शुरू हो जाने पर चारों ओर घास-ही-घास बढ़ जाती है। मच्छरों और मक्खियों का ज़ोर बढ़ जाता है। अधिक लोग रेस्ट हाउस की ऊपरली मंज़िल में रहने लगते हैं। यहां रहने वाले स्टाफ़ की टुकड़ी के इंचार्ज बरसों तक नारायण सिंह नेगी रहे। वे दिलेर अफ़सर थे। सुनसान जंगल के ख़तरों से घबराते नहीं थे। वे अपने क्वार्टर में अकेले ही सोते रहते थे।

एक रात उन्होंने सिरहाने की खिड़की के बाहर बग़ीचे में ज़मीन खोदने की आवाज़ सुनी। सुबह देखते हैं कि केली के कन्द को सेही ने खोदकर खा लिया था। केली पर इन दिनों फूलों की बहार थी। केली के लाल और पीले फूलों के गुच्छे बरसाती हरियाली के साथ मिलकर शोभा बढ़ा रहे थे। धरती पर बिखरे फूलों को देखकर नेगी को अफ़सोस हुआ।

जंगली सेही के लिए केली का कन्द नया भोजन था। उसे पसन्द आया। अगली रात भी नेगी ने वही खड़बड़ाहट और खोदा-खादी की आवाज़ सुनी। हर रात सेही एक-दो पौधों को उखाड़कर कन्द खा जाती। एक रात खड़बड़ाहट शुरू होते ही नेगी दबे पांव उठे। उन्होंने बरामदे के खम्भे की ओट ली। टौर्च फेंकी तो सेही के कांटे चमकते दिखाई दिए। नेगी ने कसकर लाठी मारी। सेही एक बार तो लड़खड़ाई, फिर संभलकर भाग गई। अगली रात वह चैन से सोए। करारी चोट खाकर सेही ने आना बन्द कर दिया।

सात दिन गुज़र गए। आठवें दिन पौ फटने पर नेगी ने खिड़की से झांका तो एक मादा सांभर को धरती पर सिर झुकाए देखा। रसोई की जूठन को वह खा रही थी। अगली रात उन्होंने कुछ रोटी के टुकड़े और अनाज वहां फेंक दिया। सुबह देखते हैं कि वह अनाज खा रही है। नेगी ने उससे दोस्ती बढ़ानी शुरू की।

मुट्ठी-भर नमक उन्होंने मिट्टी में मिलाकर वहीं गाड़ दिया। हिरणों को लूनी मिट्टी स्वादिष्ट लगती है। वे उसे अक्सर चाटा करते हैं। नमक उनके हाज़मे को दुरुस्त रखता है। यह सांभर लूनी मिट्टी चाटने हर रोज़ आने लगी।

पहले तो यह पौ फटते ही जंगल में चली जाया करती थी। अब आसमान में सूरज के ऊंचा चढ़ जाने पर भी नमक चाटती रहती और दाने खाती रहती। नेगी उठकर सुबह के कामों से निबटने में लग जाते। वह उनसे डरती ही नहीं

थी। उसे पता चल गया था। कि यह रसोई का कमरा है। नेगी जब अपना खाना बना रहे होते तब वह सिर ऊपर उठाकर रसोई में झांकती रहती। हर रोज़ उसे भी कुछ टुकड़े मिल जाते।

कुछ दिन यह सिलसिला चलता रहा। फिर उसका आना बन्द हो गया। नेगी ने सोचा कि वह किसी मुसीबत में पड़ गई है। वरना यहां मिलने वाले स्वादिष्ट पदार्थों को खाने ज़रूर आती। उन दिनों पार्क में चालीस शेर और अस्सी तेंदुए रहते थे। यह भी ख़याल आया कि इधर आते समय उसे इनमें से किसी ने दबोच तो नहीं लिया! ऊंची घास चारों तरफ़ उगी हुई थी। उसके अन्दर सांभर को तलाश करना असम्भव था।

पूनम का चांद ढिकाला के बारह किलोमीटर लम्बे चौड़ के ठीक ऊपर आ गया था। घास और झाड़ियों के बाहर जो कुछ दीखता था वह स्पष्ट हो चला था।

सिरहाने के पीछे नेगी को कुछ आवाज़ सुनाई दी। खिड़की में से झांका तो वही सांभर नज़र आई। उन्हें बड़ा अचरज हुआ। कोई एक महीने बाद वह लौटी थी। अनाज की मुट्ठी फेंककर वह सो गए। सांभर के लौट आने के कुतूहल ने तड़के ही उनसे बिस्तरा छुड़वा दिया। चाय बनाने के बाद वह सांभर के लिए एक टिक्कड़

सेक रहे थे। सुबह की ठण्डी बयार में टिक्कड़ की महक फैल रही थी। सांभर रसोई के पास पहुंच गयी। लेकिन यह क्या? वह अकेली नहीं थी। उसके साथ एक नन्हा छौना भी था जो चंचल नयनों से कुटिया की हर चीज़ को ग़ौर कर रहा था। सांभर के एक महीना ग़ैरहाज़िर होने का रहस्य खुल गया था।

इक्यावन

जीवन्त ड्रामे का दुःखदायी अन्त

शिमला के पास-पड़ोस के जंगलों में रहने वाले तेंदुए आबादी वाले इलाक़े में नहीं आते। अपवाद स्वरूप चार दिसम्बर, 1989 को एक तेंदुआ जंगल से भटककर बस्ती में आ गया। उसकी उम्र दो-ढाई साल होगी। सुबह आठ बजे का समय था। आवारा कुत्ते सड़क पर गश्त लगा रहे थे।

अपनी गली में कुत्ता भी शेर होता है। ये कुत्ते भी अपना पराक्रम दिखाने लगे। एक कुत्ते ने भौंककर ख़तरे का बिगुल बजाया। आनन-फ़ानन में छह कुत्ते जमा हो गए। वे तेंदुए के पीछे पड़ गए।

जान बचाने के लिए तेंदुआ भागा। सरदी के मारे लोग घरों के अन्दर बन्द थे। अगली बिल्डिंग कमिश्नर का दफ़्तर थी। उसकी रसोई के फाटकों पर शीशे लगे थे। पीछे आते हुए कुत्तों से बचने की घबराहट में उसने पारदर्शक शीशों को ख़ाली

जगह समझ लिया। उसके अन्दर घुसने के लिए वह वेग से कूदा। शीशा टूट गया और तेंदुआ रसोई में दाख़िल हो गया।

बिजली के हीटर पर वहां दफ़्तर का चौकीदार चेतराम चाय का पानी उबाल रहा था। तेंदुए से डरकर वह बाहर निकल आया। उसने दफ़्तर का दरवाज़ा बन्दकर ताला लगा दिया। फिर झट पुलिस को ख़बर कर आया।

पुलिस चौकी से जवान आ गए। उन्होंने दफ़्तर को चारों तरफ़ से घेर लिया। पुलिस कप्तान भी मौक़े पर पहुंच गए। वन और वन्यप्राणी विभाग के कार्यकर्त्ता भी बुला लिए गए। उन्होंने तेंदुए को ज़िंदा पकड़ने की योजना बनाई।

तेंदुआ रसोई से निकलकर स्टोर में चला गया था। दफ़्तर के पीछे कोई पांच मीटर ऊंची पहाड़ी थी। दफ़्तर की दीवार और पहाड़ी के बीच एक सकरी गली थी।

स्टोर के दरवाज़े पर एक पिंजरा लगाया गया। आगे जाल बिछा दिया गया। अगर तेंदुए ने पिंजरे से बच निकलने की कोशिश की तो वह उसमें फंस जाएगा। दफ़्तर के चारों ओर ऊंची पहाड़ियों पर सैकड़ों लोग जमा हो गए।

कुछ देर बाद तेंदुआ पिंजरे में घुस गया। पर उसका पिछला दरवाज़ा बन्द होने से पहले ही निकल गया। दफ़्तर के पीछे लकड़ी के तख़्तों की एक दीवार खड़ी थी। टक्कर मारकर उसने दीवार तोड़ दी और उससे बाहर निकल आया।

अब वह गली के अन्दर खड़ा था। उसने गली में से गुज़रकर भागने की कोशिश नहीं की। पांच मीटर ऊंची पहाड़ी पर पहुंचने के लिए छलांग लगाई। इस कोशिश में उसे सफलता नहीं मिली और वह नीचे गिर गया।

हिम्मत करके आठ-दस लोगों ने उसे दबोच लिया। कमिश्नर का ड्राइवर उसके मुंह को क़ाबू करने की कोशिश कर रहा था। जंगलात के एक अफ़सर ने उसकी पूंछ दबा रखी थी। तेंदुआ तो सही सलामत रहा, पर उसने चेतराम को काफ़ी ज़ख़्मी कर दिया।

गली में खड़े दूसरे लोग भी सहायता के लिए आ गए। एक आदमी ने तेंदुए के मुंह में लकड़ी ठूंस दी जिससे वह काट न सके। रस्सी से बांधने की तैयारी की जा रही थी कि उसने दम तोड़ दिया। शौर्य और पराक्रम से भरे जीवन्त ड्रामे का पांच घण्टे में अन्त हो गया।

बावन

दयालु लकड़बग्घा

छावनी के साथ जंगल लगता था। जिसमें लकड़बग्घे रहते थे। रात पड़ जाने पर वे छावनी में घुस आते थे। बैरकों के बाहर फेंकी गई जूठन को खाते रहते थे। कोई आवारा कुत्ता मिल जाए तो वे उसे भी छोड़ते नहीं थे। उन्होंने छावनी के कई कुत्ते खा लिए थे। फ़ौज के डौक्टर ने एक पिल्ला पाल रखा था। वह उसे बड़ी हिफ़ाजत से रखता था। उसे बहुत प्यार करता था। पिल्ला भी उसे प्यार करता था।

सुबह जब डौक्टर सोकर उठता था तब पिल्ला उसके साथ खेलकर लाड़-प्यार जताया करता था। एक सुबह पिल्ला नज़र नहीं आया। अहाते के एक कोने में इमली का पेड़ खड़ा था। उसके नीचे लकड़बग्घे के पैरों के निशान दिखाई दिए। इससे अंदाज़ होता था कि लकड़बग्घा पिल्ले को उठा ले गया है।

फ़ौज के कुछ जवान उसकी तलाश में निकले। डौक्टर ने यह तो मान लिया था कि लकड़बग्घे ने पिल्ले को खा लिया है। वे उसके ख़ून का बदला लेना चाहते थे। इसके अलावा वे यह भी सोचते थे कि अगर लकड़बग्घा मार लिया गया तो और कुत्तों की हत्याएं रुक जाएंगी। कुछ खोज के बाद जवानों को लकड़बग्घे का भट मिल गया। उन्होंने उसे शूट कर दिया। उसे मारने के बाद वे उसके भट की छानबीन करने लगे। उनका इरादा उसके जोड़ीदार को तलाश करना था। वे उसे भी ख़त्म कर देना चाहते थे।

छानबीन से उन्हें निश्चय हो गया कि भट के अंदर एक और जीव है। वे उसे बाहर निकालने के उपाय करने लगे जिससे मैदान में भागते हुए प्राणी पर निशाना साधा जा सके। जवान झाड़ियों में छिपकर बैठ गए और प्राणी के निकलने की प्रतीक्षा करने लगे।

कुछ देर बाद एक छोटे-से प्राणी ने भट से बाहर झांका। भट के मुख पर छाया थी। अंधेरे में उन्हें यह तो अंदाज़ हो गया कि वह प्राणी बच्चा ही है, लेकिन एक जवान ने संदेह किया कि उसकी शक्ल लकड़बग्घे जैसी नहीं है। सब जवानों

की आंखें भट के मुख पर लगी थीं। उनमें एक हलकी-सी फुसफुसाहट हुई। एक जवान बोला–"दोस्त ! बच्चा है तो मारते क्यों हो ? ज़िन्दा पकड़ लो। साहब को दे देंगे तो वे ख़ुश हो जाएंगे। इसे पाल लेंगे।

कुछ देर इंतज़ार के बाद बाहर निकल आया। सब एक साथ चिल्ला उठे–'कुत्ता।' सचमुच वह पिल्ला निकला, साहब का पिल्ला। लकड़बग्घे को शिकारियों ने बड़ा क्रूर, खूंखार और बेरहम लिखा है। शिकारियों का कहना है कि यह बिना बात जानवरों को तड़पा-तड़पाकर मारता है। अचरज था कि इस लकड़बग्घे ने पिल्ले

को नहीं मारा था। इसका कारण मुझे यह मालूम होता है कि लकड़बग्घे के अपने बच्चों को किसी ने मार दिया था। उसके मन में अब भी उनके लिए मोह बना हुआ था। पिल्ले को पास रखने से उसे कुछ संतोष मिल सकता था। इसीलिए उसे मारकर खाने के बजाय उसने उसे पाल लिया था।

तिरपन

दोनों योद्धाओं की मौत

सालभोजी में बनैल सूअरों की एक टोली रहा करती थी। उसका सरदार एक भीमकाय सूअर था। उसके दो दांत मुख से बाहर कोई पन्द्रह सेण्टीमीटर लम्बे निकले हुए थे। इन लम्बे दांतों को उद्दन्त कहते हैं। शाम होने पर यह टोली सालभोजी से बाहर निकल आती थी। और ढिकाला के बारह किलोमीटर लम्बे चौड़ में चरने लगती थी। उन दिनों भू खजूरें पक रही थीं। वे पकी खजूरें और कई तरह के पदार्थ चौड़ में से खाते रहते थे। भू खजूर का पौधा साठ-सत्तर सेण्टीमीटर ऊंचा होता है। इसलिए सूअर पौधे के ऊपर लगी खजूरों को भी खा लेते थे। इसकी जड़ कन्द जैसी मोटी, रसीली और मीठी होती है। भीमकाय पैने उद्दन्तों से इन जड़ों को खोदकर खाता रहता था। उद्दन्त तेज़ धार वाले खंजर के समान चमकते थे। शाम को जंगल से वापिस आते हुए मैंने कई बार इस टोली को चौड़ में देखा था। मुझे देखकर वे गुर्र्र् ··· गुर्र्र् ··· करते हुए भाग जाते थे।

चौड़ से नीचे एक नाला चला गया था जिसमें कहीं-कहीं गरमियों में भी पानी रिसता रहता था। इसके साथ बोक्साड़ ब्लौक का जंगल था जिसमें एक शेर रहता था। शेर का इलाक़ा नाले तक ख़त्म हो जाता था। शेर के निवास वाले नालों में जाने से आमतौर पर सूअर कतराते हैं। भीमकाय को अपनी ताक़त पर गुमान था और अपने उद्दन्तों पर भरोसा था। इसलिए वह नाले में उतर जाया करता था। कीचड़ में से मोथे की ख़ुशबूदार गांठों को उद्दन्तों से खोदकर खाया करता था।

मई का महीना था। बोक्साड़ ब्लौक का शेर दिन भर नाले के कीचड़ में लेट लगाता था। सांझ पड़ने पर वह शिकार के लिए निकल जाया करता था। एक सांझ उसके सामने ही भीमकाय नाले में उतर आया। शेर ने उसे देखते ही ललकारा। शेरों को सूअर का मांस बहुत अच्छा लगता है, इसलिए वे उन्हें छोड़ते नहीं।

दोनों जूझ गए। शेर बहुत फुर्तीला था। उछलकर सूअर के वार को नाकाम कर देता था। मौक़े के अनुसार झट घूम जाता था और नया मोर्चा सम्हाल लेता

था। सूअर इतनी जल्दी नहीं घूम पाता था। शेर अपने पंजों से और पैने दांतों से वार करके उसे फाड़ने की कोशिश करता था। सूअर के पास वार करने के लिए केवल दो उद्दन्त ही थे। सभी दृष्टियों से सूअर का पलड़ा हलका था, फिर भी वह बहादुरी से भिड़ रहा था।

रेस्ट हाउस में रेंजर मेरे कमरे में बैठा था। हम लोग अगले दिन के प्रोग्राम के बारे में विचार कर रहे थे। तभी शेर की दहाड़ें हमें सुनाई दीं। ऐसा लगता था कि वह जंगल के सभी जीवों को अपनी बहादुरी का परिचय दे रहा है। रह-रहकर हम उसकी गरज सुनते रहे। सुबह वहां जाकर देखा तो भीमकाय मरा पड़ा था।

उसकी देह तब भी गरम थी। युद्ध के मैदान की मिट्टी ऐसी लगती थी। मानो बार-बार गोड़ी हुई अखाड़े की मिट्टी हो। मैदान से एक तरफ़ ख़ून की मोटी धारा चली गई थी। यह विजयी शेर की दयनीय दास्तां का बखान कर रही थी। भीमकाय की लाश से सौ मीटर के अन्दर ही वह मरा पड़ा था। सूअर ने शेर को कई जगहों पर ज़ख़्मी किया था। वह इन ज़ख़्मों के कष्ट को जैसे-तैसे बर्दाश्त कर भी लेता, लेकिन एक ज़ख़्म में पेट पर एक बड़ा चीरा आ गया था, जिसमें से आंतें बाहर निकल आईं थीं। इससे उसकी मौत हो गई थी।

चौवन

बग़ल में अजगर

जून का महीना था। काली रात आधी गुज़र चुकी थी। सब लोग छतों पर बेख़बर सो रहे थे। चारों ओर जंगल का सन्नाटा फैला था। अचानक एक तेज़ चीख़ उठी। यह किसी जीव की पुकार थी जो बेबसी में सहायता के लिए चिल्ला रहा था। टॉर्च और लाठियां संभाले हम लोग दुर्घटना की जगह पर पहुंचे। क्या देखते हैं कि एक अजगर ने एक गीदड़ को अपनी कुण्डलियों में जकड़ रखा है। अजगर बड़ा डीलडौल वाला है। गीदड़ छूटने की जितनी कोशिश करता है उतना

ही मज़बूत कुण्डलियों में भिंचता जाता है। इस गीदड़ के कुछ साथी दूर खड़े-खड़े अजगर को गीदड़-भभकियां दे रहे हैं। हमें देखकर वे जंगल में भाग गए। अजगर भी वहां से खिसका और लपककर जंगली तेंदू के पेड़ पर चढ़ गया। इसकी पतली टहनियों ने एक-दूसरे के साथ उलझकर तेंदू को ख़ूब घना बना दिया था। ऐसे पेड़ पर घने अंधेरे में अजगर को खोजना आसान नहीं था। अजगर वहां सुरक्षित हो गया था।

हमारी सहायता पहुंचने से पहले ही अजगर ने गीदड़ को ठण्डा कर दिया था।

जिस जगह यह वारदात घटी उसके पास ही मज़दूरों की तीन-चार झोपड़ियां थीं। वे सब वहां जमा हो गए थे और अजगर की बड़ी देह और ताक़त को देखकर घबरा गए थे। वे सोचते थे कि वह कभी भी उनकी बकरियों को निगल सकता है। दांव लगने पर किसी छोटे बच्चे पर भी हमला कर सकता है। उनका डर स्वाभाविक था। अजगर को तत्काल शूट करने के लिए वे एक बन्दूकची को तलाश कर लाए थे।

बरसात का मौसम, घनी झाड़ियां, अमावस की रात, लोगों का जमघट, हजूम का शोरग़ुल–सारे हालात ऐसे उलटे थे कि मुझे अपने कैमरे से अजगर को शूट करने का मौक़ा ही नहीं मिला था। वैसे भी यह अजगर ऐसा ख़ूबसूरत और स्वस्थ था कि उसे जान से मार डालने के हक में मैं नहीं था। मैंने उसे ज़िन्दा पकड़ने का फ़ैसला कर रखा था। अपने पास रखकर मैं उसकी आदतों को ग़ौर करना चाहता था। मेरे मन में उसके फ़ोटो खींचने की अभिलाषा भी बलवती थी।

मैंने एक लम्बा बांस मंगवाया। उसके सिरे पर एक आंकड़ा लगाया। अजगर की देह में डालकर हमने नीचे खींचा। एहतियात के लिए बन्दूकची को हमने सदा तैयार रखा। आंकड़े से हम अजगर को नीचे खींचने के लिए ज़ोर लगाते तो वह टहनियों में अपनी देह को और अधिक मज़बूती से फंसा लेता था। इधर हमने दो की जगह पांच आदमियों को बांस खींचने पर लगा दिया। तब वह धड़ाम से नीचे आ गिरा और बेतहाशा भागने लगा। आदमी को देखते ही वह मुंह खोलकर चोट करता था। कोई भी उसके पास जाने की हिम्मत नहीं करता था। मैंने एक बांस द्वारा दूर से ही उसकी गरदन दबा ली।

योजना यह थी कि जब मैं सिर को दबाने में कामयाब हो जाऊं तब एक आदमी उसकी पूंछ को कसकर पकड़ ले। इससे पूंछ को मेरे ऊपर फेंककर मुझे अपनी कुण्डलियों में नहीं जकड़ सकेगा। यह सब उपक्रम चालू था कि उसने ज़ोर का झटका दिया। अपने को मुक्त करते ही उसने एक बुड़क में मेरा हाथ पकड़ लिया। झुग्गी वालों की लाठियों की बौछार उसके ऊपर इतने ज़ोर से पड़ रही थी कि मुझे छोड़कर वह घास की झाड़्यों में बच निकला।

जलती हुई मशालों के प्रकाश में हमने उसे तलाश कर लिया। कोई घण्टे-भर

की कशमकश के बाद बड़ी मुश्किल से मैं उसे वश में कर सका।

तीन मीटर लम्बे और ढाई मीटर चौड़े एक कमरे में मैंने उसे जगह दी। खिड़की और दरवाज़े बन्द कर दिए जाते थे। वैसे तो वह एक कोने में चुपचाप पड़ा रहता था, परन्तु आदमी को देखकर गुस्से में फुंकार उठता था। एक रात ग़लती से पिछली खिड़की खुली रह गयी। इस मौक़े का उसने पूरा लाभ उठाया। वह चुपके से खिसक गया। बन्दीघर में उसे कुल एक महीना ही हुआ था।

तीन सौ मीटर की दूरी पर एक बढ़ईख़ाना था। उसमें काम करने के लिए सुबह जो सबसे पहले कारीगर दाख़िल हुए उन्हें अपने टूल बक्स के पास फुंकार की ऊंची आवाज़ सुनाई दी। डरे हुए कारीगर हमारे पास दौड़े आए। वहां जाने पर हमने अपने अजगर को छिपा हुआ पाया। चूहों के खाने के लिए उसने वहां शरण ले ली थी। कुल तीन-चार दिन तो हुए थे, वह अभागा तुरन्त ही पकड़ा जाकर फिर उसी कोठरी में डाल दिया गया। ज्यों-ज्यों दिन बीतते गए उसमें जंगलीपन कम होता गया। दिन-भर उसे घर के अहाते में घूमने दिया जाता। मेरे घर के हर सदस्य से वह परिचित हो गया था। जब उसे प्यास लगती तब वह जीभ लपलपाता हुआ रसोई के पास आ जाया करता। मेरा बेटा नरेश उसे कटोरी में पानी दे देता।

मैंने उसके तरह-तरह के पोज़ों में ख़ूब फ़ोटो लिए। उसका आहार चूहे, कबूतर, ख़रगोश आदि जीव-जन्तु थे। यह आहार जुटाने में मुझे कठिनाई नहीं होती थी, क्योंकि उस आबादी के लोग ख़ुद ही ये चीज़ें मेरे घर ले आया करते थे। वह भोजन एकान्त में करता था। वह भी पिंजरे के अन्दर, जहां फ़ोटो खींचने के लिए पर्याप्त प्रकाश नहीं होता था। इसके अलावा कुण्डलियों के अन्दर भींचा हुआ शिकार ऐसे छिप जाता था कि कैमरे की पकड़ में नहीं आता था। इस बाधा को दूर करने के लिए मैंने एक उपाय सोचा। आहार देने से पहले अजगर को खुले मैदान में ले आता था। उसके ऊपर गोल ड्रम रख देता था, जिसका व्यास एक मीटर था और जो ऊपर तथा नीचे से खुला था। कुछ घण्टे अजगर को इसमें पड़े रहने देता था जिससे वह इसे अपना घर समझने लगे। फिर मैं जानवर को उसके अन्दर छोड़ता था। वह झट लपकता था। ज्यों ही उसने जानवर को पकड़ा, मैं आहिस्ता से ड्रम को एक तरफ़ कर देता था। फ़ोटो लेने के अब अधिक अच्छे अवसर मिल जाते थे।

खाने से पहले अजगर जानवर को अपनी कुण्डलियों में भींचकर मार लेता है। फिर उसे मुंह की ओर से निगलना शुरू करता है। जानवर बड़ा है तो पूरा

निगलने में कई घण्टे का समय लग जाता है। कैमरामैन को तब अपनी रुचि के अनुकूल फ़ोटो खींचने के मौक़े मिल जाते हैं।

यह अजगर मेरा पालतू बन गया था। इसका बर्ताव घर के सभी सदस्यों के प्रति अत्यन्त भद्र और आत्मीयता का था। गर्मियों में हम सीमेंट का फ़र्श धोकर ठण्डा कर लेते थे और दोपहर को उसी पर पंखे के नीचे लेटे रहते थे। अचरज

की बात यह थी कि अजगर भी रेंगता हुआ कमरे में आ जाता था और ठण्डे फ़र्श पर हमारी बग़ल में ही कुण्डली मारकर पड़ जाता था।

पचपन

झबरी उसका चेहरा चाटती रही

मध्य प्रदेश के कान्हा नेशनल पार्क की सीमा के साथ गुज़रती हुई सड़क पर जंगल विभाग का एक चेक पोस्ट है। मुझे अपनी मैटाडोर वहां रोकनी पड़ी। मौलवियों जैसी दाढ़ी वाले एक अधेड़ आदमी ने मुझे रुकने का संकेत दिया था। गहरे रंग का उसका भारी चेहरा ज़ख़्मों के निशानों से भरा पड़ा था।

मैटाडोर से उतरकर मैंने उसके बारे में जानना चाहा। जिस आदमी को मैं सूफ़ी फ़कीर समझ रहा था उसका नाम शुभकरण वर्मा था। कुछ साल पहले वह फ़ौरेस्ट गार्ड की सक्रिय ड्यूटी कर रहा था। रोज़ जंगल की गश्त पर जाना उसकी ड्यूटी थी।

1979 के सितम्बर महीने में ज़ोरदार बारिशें हो रही थीं। बारिशों से पार्क की एक सड़क का कुछ हिस्सा धंस गया था। उसका मुआयना करके शुभकरण लौट रहा था।

उस दिन चौबीस सितम्बर थी। शाम के चार बज रहे थे। बारिश की झड़ी लगी थी। शुभकरण ने छाता ओढ़ रखा था। फिर भी मूसलाधार बारिश की बौछारों से उसके कपड़े गौत हो गए थे। बारिश का पानी उसके शरीर को तर करता हुआ नीचे गिर रहा था। जंगल ठण्डा हो गया था। शुभकरण को जाड़ा लगने लगा।

सड़क के दोनों तरफ सागौन के जंगल खड़े थे। सागौन की मज़बूत और महंगी लकड़ी टीक वुड के नाम से विख्यात है। भवन-निर्माण के लिए यह सर्वोत्तम लकड़ियों में अग्रणी है। सागौन के पत्ते साठ सेण्टीमीटर तक लम्बे और तीस सेण्टीमीटर तक चौड़े होते हैं। जंगलों में रहने वाले लोग इनसे छाते का काम लेते हैं। इन पत्तों के छाते में से बारिश का पानी नहीं छनता।

शुभकरण के साथ एक दिहाड़ी मज़दूर जग्गू चल रहा था। शुभकरण ने अपना छाता तथा कन्धे का झोला उसे पकड़ाया और सिर ढकने के लिए सागौन के पत्ते तोड़ने जंगल में घुस गया।

उसने किसी जानवर के गुर्राने की आवाज़ सुनी। उसने समझा कि बनैला सूअर होगा। बारिश का मज़ा ले रहा है और गीली धरती से खाने के लिए पौष्टिक कन्द खोद रहा है। गुर्राने की आवाज़ की परवाह किए बगैर शुभकरण अपना काम करता रहा।

जंगल के साथ जाती हुई दलदली पगडण्डी पर लौटते समय उसकी निगाह भालू पर पड़ी। वह झबरे बालों वाला भालू था। पिछली टांगों पर खड़ा था और उसे एकटक देख रहा था।

शुभकरण जग्गू की तरफ़ भागा। बीच रास्ते पर ही भालू ने उसे दबोच लिया। डर के मारे उसने आंखें बन्द कर लीं। उसके होश गुम हो गए। उसे पता नहीं कि जानवर ने उसके साथ क्या सलूक किया।

होश आने पर उसने देखा कि भालू उसका चेहरा चाट रहा था। उसके पयोधरों में दूध भरा था। वह बच्चों वाली रीछनी थी। नर भालू नहीं था। कुछ देर बाद

रीछनी ने उसे छोड़ दिया और जंगल में चली गई। शुभकरण ने सोचा, वह अपने बच्चों के पास गई है। उठने की कोशिश में शुभकरण ने अपनी टांगें ज़रा हिलाईं।

तभी झबरैली लौट आई।

उसने बचपन में सुन रखा था कि भालू मुरदे को कुछ नहीं कहता। उसने सांस रोक लिया और मुरदे का स्वांग भर लिया। रीछनी ने उसे जगह-जगह से सूंघा। वह तसदीक कर रही थी कि उसका दुश्मन सचमुच मर गया है या नहीं। 'मुरदा' अधिक देर तक सांस नहीं रोक सका। उसने डरते-डरते सांस छोड़ा जिससे फेफड़ों में ताज़ी हवा भर सके।

इस मामूली-सी हलचल से झबरी को पता चल गया कि 'मुरदा' ज़िन्दा है। उसने अपने वक्र नाख़ूनों को गाड़कर उसका मांस नोचना शुरू किया। शुभकरण ने फिर दम साध लिया। कुछ देर बाद झबरी चली गई। कुछ-कुछ समय के व्यवधान से दो बार ऐसा हुआ। झबरी उसे छोड़कर चली जाती और फिर उस पर लपकती।

मदारी भालू आमतौर पर मांसाहारी जानवर नहीं है। यह रीछनी फ़ौरेस्ट गार्ड को अपने बच्चों का दुश्मन समझ रही थी। उनकी रक्षा के लिए उस पर हमला कर रही थी। उसका गोश्त खाना चाहती तो मज़े से खा सकती थी। आख़िर, दुविधा में पड़ी झबरी ने उसे अपने हाल पर छोड़ दिया और जंगल में चली गई।

मौत से जूझता हुआ लहूलुहान शुभकरण दर्द भरे लम्बे क्षणों से ज़रा उभरा। जैसे-तैसे उठ गया। आसमान बादलों से घिरा था। सूरज नहीं दीख रहा था। शुभकरण को दिशाओं का ज्ञान नहीं रहा।

जग्गू उसे रीछनी के रहम पर छोड़कर पहले ही भाग गया था। वह सोचता था 'मैं उसकी मदद के लिए बढ़ा तो रीछनी उसे छोड़कर मेरे ऊपर लपक पड़ेगी।' हर रोज़ इन जंगलों में गश्त लगाने वाला शुभकरण दुविधा में पड़ा था कि उसका गश्ती कैम्प किस दिशा में है ?

अनिश्चय की हालत में ही आधे मन से उसने एक तरफ़ क़दम बढ़ाने शुरू किए। बारिश ने पग-पद्धतियों के सभी निशान धो डाले थे। वह रास्ता भूल गया और जंगल में भटक गया। उसकी टांग जवाब दे गई। खड़ा होने की ताक़त उसमें नहीं रही। अपना सिर पकड़कर वह एक पत्थर पर बैठ गया।

उसे अपनी याददाश्तों को टटोलने का मौक़ा मिल गया। कुछ देर में वह समझ गया कि जिस जगह वह बैठा है वह दहमन जंगल की एक खूंट है। वहां से गश्ती चौकी अधिक दूर नहीं थी। लेकिन वह उधर नहीं गया। चौकी में ड्यूटी पर तैनात बैगा आदिवासियों के बारे में उसका अच्छा अनुभव नहीं था। एक बार उनसे उसकी

अनबन हो चुकी थी। वह समझता था कि इस मुसीबत की घड़ी में भी बैगा आदिवासी उसकी मदद करने घरों से बाहर नहीं निकलेंगे।

वह सूपखार के जंगलाती दफ़्तर की तरफ चल दिया। जो पांच किलोमीटर दूर था। गम्भीर रूप से घायल शुभकरण के लिए इस लम्बे फ़ासले को तय करना सचमुच अग्नि परीक्षा थी। सूपखार पहुंचकर उसने रेंज अफ़सर को आपबीती बताई और गरम पानी का एक गिलास मांगा।

उसके बाद वह बोल नहीं पाया और अचेत होकर धरती पर लुढ़क गया।

सरकारी हस्पताल में वह दो महीने इलाज कराता रहा। उसके बाद ड्यूटी पर लौट आया। जंगलात के अफ़सर रहम-दिल थे। उन्होंने उसे हलके काम पर लगा दिया। सड़क पर वाहनों की आवा-जाई को नियन्त्रित करने के लिए लगाई बल्ली को वह उठाता था और गिराता था।

छप्पन

शेर नहीं रेंजर चिपका था

चीफ़ वाइल्ड लाइफ़ अफ़सर हेमेन्द्र सिंह पंवार एक दिन कान्हा नेशनल पार्क में पवनमाला हथिनी की पीठ पर जा रहे थे। अगले दिन कुछ विदेशी मेहमान पार्क में शेरों को देखने आने वाले थे। उनके लिए वे एक दिन पहले ही निश्चय कर लेना चाहते थे कि शेर किस वनखण्ड में दिखाया जा सकेगा।

इस दौरे में रेंजर उनके साथ था। रेस्ट हाउस से वे क़रीब पांच किलोमीटर दूर निकल आए। चौड़ में घास के अंदर चीतल की एक लाश दिखाई दी। उसे देखने के लिए रेंजर पवनमाला से नीचे उतर आया।

यह घटना 1963 की है। तब कान्हा नेशनल पार्क में दस हज़ार चीतल थे और बयालीस शेर थे। शेरों को सबसे आसानी से मिलने वाला भोजन यही था। पार्क में शेर द्वारा चीतल को मारने की घटनाएं अक्सर होती रहती थीं। इसलिए जंगलात के अफ़सर के लिए चीतल की लाश को देखना कोई ख़ास बात नहीं थी।

लाश का अभी एक पुट्ठा ही खाया गया था। इससे अंदाज़ होता था कि उसे जिस शेर ने मारा था उसका पेट भरा नहीं था और वह संभवतः पवनमाला पर आदमियों को आता हुआ देखकर एक तरफ़ हट गया था। पंवार के इशारे पर महावत ने पवनमाला को आगे बढ़ाया। रेंजर पवनमाला के पीछे-पीछे पैदल ही आ रहे थे। चीतल से कोई पांच सौ मीटर दूर निकल आए होंगे।

जंगल की कच्ची सड़क के बीचों-बीच सामने एक शेर बैठा था। पवनमाला को देखकर भी उसने सड़क नहीं छोड़ी। सड़क तो बराय नाम थी। वहां कुल इतना चौड़ा रास्ता था कि उस पर हाथी गुज़र सकता था। जगह-जगह छोटे पेड़ खड़े थे।

शेर का रवैया अड़ियल था। पंवार ने कहा कि बग़ल वाला साल का पेड़ शेर पर क्यों न फेंक दिया जाए। पेड़ इतना पतला था कि पवनमाला उसे थोड़ी-सी मेहनत से गिरा सकती थी। इस बीच शेर हिला। रेंजर अब तक ज़मीन पर थे। वे हथिनी के पीछे खड़े थे। उन्होंने समझा कि शेर उन पर लपक रहा है। जान

बचाने के लिए उन्होंने उछलकर पवनमाला की पूंछ पकड़ ली। इतना समय तो था नहीं कि हथिनी को बिठाकर उस पर चढ़ा जा सकता।

पवनमाला ने अचानक अपनी पूंछ पर किसी को चिपका हुआ महसूस किया तो वह एकदम डर गई। उसने समझा कि शेर के दूसरे साथी ने पीछे से हमला कर दिया है। तीखी चीख़ मारकर वह बेतहाशा भागी।

रेंजर अजीब हालत में चिपके हुए थे। पवनमाला को क़ाबू करने के लिए महावत ने अंकुश से उसके मस्तक पर चोट की। हौदे के पीछे बैठे बन्दूकी ने रेंजर का हाथ पकड़कर ऊपर खींच लिया।

रेस्ट हाउस लौटकर सब ख़ूब हंसे।

सतावन

तेंदुए द्वारा पाला गया लड़का

असम के उत्तर कछार पर्वतों के जंगलों में एक मानव शिशु को मादा तेंदुए ने कई वर्षों तक पाला था। इ.सी. स्टुअर्ट बेकर ने 1920 में इसका दिलचस्प वर्णन किया था। अपने ज़माने में पुलिस की अफ़सरी करते हुए उन्होंने अच्छा नाम कमाया था। इसके साथ वे बड़े आखेट के माने हुए शिकारी थे। कुशल पक्षी विशेषज्ञ और प्राकृतिक घटनाओं को ग़ौर करने में प्रशिक्षित थे। गांव वालों ने उन्हें जो घटना सुनाई उसकी उन्होंने सरकारी तौर पर तसदीक़ की थी

उन दिनों उत्तर कछार पर्वतों के अधिकारियों से जो कर लिया जाता था उसमें कुछ भाग मज़दूरी के रूप में भी होता था। सड़कों, डाक बंगलों और सरकारी सम्पत्ति के रख-रखाव के लिए आवश्यक मज़दूर प्रत्येक गांव से आया करते थे। ख़ास काम पड़ जाने पर कभी-कभी कोई मज़दूर छुट्टी के लिए अर्ज़ी दे देता था। एक दिन अर्ज़ी देने वाले एक आदमी से उन्होंने छुट्टी लेने का कारण पूछा। उसने बताया कि उसके घर में एक छोटा जंगली लड़का है जिसकी उसे ख़ुद देखभाल करनी पड़

रही है, क्योंकि हाल ही में उसकी पत्नी का देहान्त हो गया है। गिड़गिड़ाते हुए उसने आगे कहा कि यदि मैं काम पर लग गया तो लड़का फिर जंगल में भाग जाएगा।

बात की सच्चाई को जानने के लिए वे स्वयं अदालत से उठकर बाहर चले गए। उन्होंने एक लड़का देखा जो एक जानवर की तरह धरती पर बैठा था। उसकी उम्र सात साल या उससे कम रही होगी। वे सीधा उसके नज़दीक चले गए। सिर उठाकर उसने हवा को सूंघा। फिर 'चारों टांगों' पर दौड़ता हुआ बाप के पास चला गया। एक छोटा जंगली जानवर जैसे अपने भट में पनाह लेता है उसी तरह यह उसकी टांगों के अन्दर छिपने की कोशिश कर रहा था। बच्चे को और नज़दीक से देखने पर उन्होंने उसे लगभग पूरी तरह अन्धा पाया। उसकी आंखों में मोतियाबिन्द उतर आया था। उसके सारे शरीर पर छोटे-छोटे असंख्य सफ़ेद निशान पड़े हुए थे जो कंटीली झाड़ियों के अन्दर भागने से पैदा हुए ज़ख़्मों और खरोंचों के कारण बने थे।

लगभग पांच साल पहले दिहुंगी गांव के पास तेंदुए के दो बच्चे देखे गए थे। देहातियों ने उन्हें मार दिया था। बच्चों की मां ने मारने वालों को खोज लिया था। गांव के इर्द-गिर्द वह दो दिन चक्कर लगाती रही थी। तीसरे दिन गांव के पास खेत में एक औरत धान काट रही थी। नीचे ही एक कपड़े पर अपने गोदी के बच्चे को लिटाकर वह काम पर जा लगी। रोने की आवाज़ को सुनकर वह लौटी।

उसने देखा कि एक तेंदुआ बच्चे को उठाकर चला जा रहा है। सारा गांव एकदम बाहर निकल आया और तेंदुए तथा बच्चे की तलाश में चल पड़ा। उन्हें सफलता नहीं मिली। अन्ततोगत्वा अंधेरे ने उन्हें जंगल में बच्चे को छोड़ने के लिए बाध्य कर दिया। उन्होंने समझ लिया कि उसे तेंदुए ने खा लिया है।

इस घटना के कोई तीन साल बाद एक शिकारी ने गांव के पास एक मादा तेंदुए को मारा। उसने यह भी समाचार दिया कि उसके साथ बच्चे भी थे जिन्हें वह नहीं पकड़ सका। यह सुनकर सारा गांव उधर चल दिया और अन्त में तेंदुए के दो बच्चों तथा इन्सान के एक बच्चे को पकड़ लाया। उसके मां-बाप ने उसे फट पहिचान लिया। उनके दावे को गांव वालों ने स्वीकार कर लिया।

पकड़ने के समय बच्चा 'चारों टांगों' पर लगभग उतनी ही तेज़ी से दौड़ता था जितना कि वयस्क आदमी दौड़ सकता है। झाड़ियों के अन्दर और बाहर चकमा देने में तथा अन्य बाधाओं को पार करने में वह अधिक चतुर व तेज़ था। उसके पास जो जाता था उसे वह काटता था और उसके साथ लड़ता था। उसका स्वास्थ्य बिलकुल ठीक था और उसकी मांसपेशियां ख़ूब समुन्नत थीं। उस समय उसकी आंखों में मामूली-सा मोतियाबिन्द था और वह ख़ासा अच्छा देख सकता था। पकड़ने के बाद उसकी आंखे तेज़ी से ख़राब होती चली गईं थीं। धीरे-धीरे उसने बहुत हद तक सीधे चलना सीख लिया था। 'चारों टांगों' के बल चलते रहने से उसके निचले अंगों में अनेक परिवर्तन आ गए थे। वह जानवरों की तरह ही लेटता और बैठता था जिसमें उसके घुटने लगातार भूमि के साथ टकराते रहते थे। इससे घुटनों के ऊपर कठोर चमड़ी बन गई थी। उसकी पैरों की अंगुलियां लगभग समकोण बनाती हुई सीधी खड़ी रहती थीं। उसकी हथेलियों, पैरों की अंगुलियों तथा हाथ के अंगूठे के तल की खाल बहुत कठोर हो गई थी और सींग जैसी नज़र आती थी। पकड़े जाने के शुरू के दिनों में यदि कोई मुर्ग़ी उसके पास चली जाती तो उसे वह पकड़ लेता था, टुकड़े-टुकड़े कर देता था और असाधारण शीघ्रता से खा जाता था। 'पालतू' बन जाने पर यद्यपि वह खड़े होकर चलता था, परन्तु ख़तरा समझने पर 'चारों टांगों' पर भागता था। दो टांगों की अपेक्षा वह चारों टांगों पर अधिक तेज़ भाग लेता था। अपने गांव के आदमियों के साथ उसका बरताव दोस्ताना था। उन्हें वह सम्भवतः गन्ध द्वारा पहिचानता था। उसने चावल और सब्ज़ियों का आहार खाना शुरू कर दिया था। रात को वह अपने पिता की झोपड़ी के अन्दर सोता था। इतने छोटे कछारी बच्चों को कपड़े तो पहनाए नहीं जाते इसलिए इसे भी पहिनाने शुरू नहीं किए थे। मोतियाबिन्द का कारण तेंदुए के साथ रहना तो हरगिज़ नहीं था, क्योंकि इस उम्र के अन्य कछारी बच्चों की आंखों में भी यह विकार देखा जाता है। दृष्टिशक्ति ख़राब हो जाने से वह घ्राणशक्ति पर अधिक निर्भर करने लगा था इसलिए वह अधिक विकसित हो गई थी।

अठावन

मेरे सामने सिंहनी और उसके बच्चे

वाशिंगटन (अमेरिका) की नेशनल ज्योग्राफ़िक सोसाइटी की एसाइनमेण्ट पर सिंहों के क्रिया-कलापों के फ़ोटो खींचने हम लोग 1972 के मार्च और मई के दो महीने गुजरात के गिरवन में फ़ोटोग्राफ़ी करते रहे। इस महत्त्वपूर्ण एसाइनमेण्ट के अलावा भी हमें अनेक बार गिर के जंगलों में जाने के मौक़े मिले।

रोज़-रोज़ एक-दूसरे को देखते रहने से सिंह हमें और हम उन्हें पहिचानने लगे थे। आपसी भय और आशंकाएं नहीं रही थीं। दूरियां ख़त्म हो गई थीं। हम उनके पास से ही फ़ोटो खींच लेते थे। अपनी फ़ील्ड नोट बुक में मैं सिंहों की दिलचस्प

लीलाएं लिखने में मशग़ूल होता था। सिर ऊपर उठाने पर ही पता चलता था कि एक सिंहनी अपनी और अपने परिवार की कुशलता बताने मेरे सामने खड़ी है। उसके जवान बच्चे पेट भरकर मेरी बग़ल में लेटे हुए हैं।

गिरवन के एक गेम गार्ड नज़र मुहम्मद के साथ सिंहों की जान-पहचान दोस्ती में बदल गई थी। सिंह पैर पसारकर आराम से उसके पास बैठे रहते थे। वह

अपनी बीड़ी सुलगाता रहता था। दो हाथ लम्बे मामूली डण्डे से वह सिंह की पसरी हुई अगली टांग को छू भी देता था। एक बार वह पत्थर पर सिर टिकाए लेटा हुआ था। पीछे से सिंह का एक बच्चा आया और उसकी खोपड़ी को सूंघकर वापिस चला गया। वह सिंहों के लेहड़े के बीच में बेफ़िक्र लेटा रहता था।

गिरवन में एक सिंहनी का नाम ग़रीब था। वह अपने नाम के अनुरूप ही स्वभाव में ग़रीब और असील सिंहनी थी। उसके साथ दो बच्चे थे। उनकी उम्र

चार महीने की थी। उन्होंने गोश्त खाना सीख लिया था। लेकिन उनकी मां का दूध चूंघने की आदत छूटी नहीं थी। मां जब एक करवट लेती थी और कोई बच्चा उसके पास दूध चूंघने आता तो वह गुर्राकर भगा देती थी। इसके बावजूद भी कोई

बच्चा थनों तक पहुंच जाता था तो ग़रीब करवट बदल लेती थी। कभी-कभी कोई बच्चा दूध पीने में कामयाब हो जाता था।

ग़रीब उन्हें साफ़ रहने की शिक्षा देती थी। ख़ून से लथपथ चेहरों को सिंह पेड़ों के तनों के साथ रगड़कर साफ़ किया करते हैं। पंजों और नाख़ूनों को भी इसी तरह साफ़ करते हैं। पाढ़े को खाने के बाद एक दिन ग़रीब पलाश के नीचे बैठी थी। उसके दोनों बच्चे अभी भी लाश में मुंह मार रहे थे। राजेश फ़ोटोग्राफ़ी में मगन थे। उन्हें पता भी नहीं चला कि एक बच्चा कब उनके पीछे पहुंच गया और घास पर रखे चमड़े के बैग को ले भागा।

उसके पीछे दौड़कर राजेश ने बैग छुड़वा लिया। हम उसकी शरारत को न देखते तो अपना कुतूहल मिटाने के लिए वह उसके टुकड़े-टुकड़े कर देता। गिरवन में सिंहों को देखना सरकस और चिड़ियाघर में सिंहों को देखने से कहीं अधिक रोमांचक और आनन्ददायक होता है।

उनसठ

बन्दरिया की ममता

उन्नीस एप्रिल, 1973 की सुबह आठ बजे हम अपनी कोठी के पिछले बग़ीचे में बैठे अख़बार पढ़ रहे थे। उत्तर की बाहर दिवार पर बन्दरों की एक टोली आ गई। इधर बन्दर अक्सर आ जाया करते थे। आम और अमरूद के पके तथा अधपके फलों पर टूट पड़ते थे।

उस दिन टोली में पांच बन्दर थे। एक बड़ा नर था। यह टोली का मालिक था। उसके हरम में तीन बन्दरियां थीं। क़रीब एक साल का एक बच्चा था, जो सबसे अधिक चंचल था। टोली से अलग होकर वह आस-पास की चीज़ों को उथलता-पुथलता, अपनी जिज्ञासा शान्त करता और फिर टोली में मिल जाता।

आम की एक टहनी पर गप्पुओं (लाफ़िंग थ्रश) का पिंजरा सीख से लटक रहा था। गप्पुओं के खाने के लिए उसमें कुछ देर पहले ताज़े फल और दूध में भिगोई डबल रोटी के टुकड़े रखे गए थे। चंचल बच्चा उधर बढ़ा। बांह बढ़ाकर उसने

पिंजरे को पकड़ लिया। बन्दरों से डर कर गप्पू फुदकने लगे और शोर मचाने लगे।

हरम की सबसे छोटी बन्दरिया ने हाथ में कुछ पकड़ रखा था। आम की टहनियां ढाई मीटर से ऊंची बाहर दीवार के ऊपर तक फैली थीं। उनके अन्दर से बन्दरिया बाहर निकली तो वन्दना (मेरी बड़ी बहू) ने सन्देह प्रकट किया - बन्दरिया ने रंजू (मेरी पोती) की सैण्डल तो नहीं उठा रखी।

ग़ौर से देखा तो वह बन्दर का मरा हुआ बच्चा था। बिल्कुल सूख कर बालिश्त भर चमड़ा रह गया था जिसमें उसके सिकुड़े हुए नन्हे हाथ, कान और दूसरे अंग

मौजूद थे। घर के किसी अज्ञात कोने में बड़ा चूहा मर जाए, महीने-दो-महीने बाद उसका पता चले तो उसका जो स्वरूप बन जाता है वैसा ही बन्दरिया के बच्चे का बन गया था। उसमें न बदबू आ रही थी और न मुरदार मक्खियां उस पर बैठी थी। हमारा आम का पेड़ कच्ची अम्बियों से लदा था। गिलहरियों ने चुन-चुन कर बड़ी अम्बियों को कुतरना शुरू कर दिया था। केले के चरखे पर लगे ख़ुशबूदार फूलों से पन्द्रह दिन पहले ही पतली अंगुलियों जैसे फल निकले थे।

दीवार से सटकर उगे पपीते पर फल पक गए थे। उनका पीला रंग लुभावना था। बन्दरों ने बग़ीचे के किसी फल की तरफ़ ध्यान नहीं दिया। टमाटर, बैंगन और भिण्डियों से छेड़छाड़ नहीं की। वे चारदीवारी पर धीरे-धीरे अगली कोठी की तरफ़ बढ़ गए। पन्द्रह-बीस मिनट बाद यह टोली फिर लौट आई। उधर से लोगों ने उन्हें भगा दिया था। सूखा बच्चा उसी तरह बन्दरिया के हाथ में पकड़ा हुआ था। वह कभी तो तीन टांगों पर चलती, एक बांह को ऊपर की तरफ मोड़कर उसके अन्दर हाथ से बच्चे को थामे रहती। हाथ थक जाता तो दूसरे हाथ में पकड़

लेती। बच्चा धरती के साथ छूता नहीं था। चारों हाथों को ज़मीन पर टेककर भी बन्दरिया को चलते देखा गया था। तब हाथ में पकड़ा हुआ बच्चा हर बार ज़मीन के सीधा सम्पर्क में आता था।

एप्रिल के पूर्वार्द्ध में असाधारण बारिश होती रही थी। आसमान में बिजली कोंधती थी, बादलों की गड़गड़ाहट के साथ ओले बरसते थे, बारिश की झड़ी लगी रहती थी। अठारह एप्रिल तक चौदह सेण्टीमीटर बारिश पड़ चुकी थी। मौसम की जानकारी देने वाले विभाग ने अपने पिछले खातों को देखकर बताया था कि बारिश ने सौ बरसों के रिकौर्ड को तोड़ दिया था। पिछले सौ बरसों में एप्रिल महीने में इतनी बारिश नहीं पड़ी थी। दिल्ली महानगरी के अनेक भागों में घुटनों से लेकर सिर डुबोऊ पानी जमा हो गया था। सड़कों पर मोटरें पानी में डूबी खड़ी थीं, मकान ढह गए थे। तीन आदमी मर गए थे। सारा जीवन अस्त-व्यस्त हो गया था। उत्तर भारत के पहाड़ों और मैदानों में सभी जगह ऐसी ही हालत थी। क्रिसमस के दिनों जैसे सरदी लौट आई थी। फ़िनाईल की सफ़ेद गोलियों में सम्हाल कर रखे स्वेटर फिर निकालने पड़े थे। वातावरण में आर्द्रता इतनी अधिक बढ़ गई थी कि कपड़े मुश्किल से सूखते थे।

पर्यावरण की इस पृष्ठभूमि में बन्दरिया के हाथ में चमड़े जैसे सूखे बच्चे को देखकर मेरे मन में अनेक प्रश्न उठते। बच्चा हाल ही में मरा हो तो वह इस गीले वातावरण में कैसे सूखेगा ? मांस को और भीतरी अवयवों को सूख कर चमड़े के साथ एकाकार होने में डेढ़-दो महीने लग गए होंगे। इतने लम्बे अर्से से मां की ममता मरे हुए बच्चे से विमुक्त नहीं होना चाहती थी। मैं समझता हूं कि वह उसे तब तक इसी तरह छाती से चिपटाये घूमती फिरेगी जब तक नया जातक उसकी छाती पर चिपक कर स्तनपान नहीं करने लगेगा।

हरिद्वार में 1987 में मैंने एक बार बन्दरिया को ताज़ा मरा हुआ बच्चा उठाए देखा था। लाश में दुर्गन्ध आ रही थी। तब भी वह उसे उठाए एक छत से दूसरी छत पर घूमती फिरती थी। मैंने ऐसी बन्दरियों की मानसिक अवस्था को समझने की कोशिश की है। औरतें अपनी सन्तान के मरने पर मानसिक सन्तुलन खो बैठती हैं, पागल हो जाती हैं, पर बन्दरियों का मानसिक सन्तुलन नहीं बिगड़ता। उनके आहार, व्यवहार में मैंने परिवर्तन नहीं देखा। हां, ममता अवश्य उनके दिलो-दिमाग़ पर हावी हो जाती है। अपने मृत बच्चे के अभाव को पूरा करने के लिए बन्दरिया कभी-कभी दूसरे जानवरों के बच्चे को चुरा लेती है। मैंने ऐसी एक बन्दरिया देखी थी।

साठ

सिंहों की दावत

गिरवन में और उसके आसपास बड़ी संख्या में मालधारी रहते हैं। ये लोग गाय-भैंस पालकर अपनी आजीविका चलाते हैं।

इन वनों में क़रीब दो सौ सिंह रहते हैं। उन्हें जब मौक़ा मिलता है तब वे इन पालतू ढोरों को मार लेते हैं। झुण्ड में चरती हुई भैंसों या गायों को कुछ नहीं कहते। जो ढोर अकेला रह जाता है उसे वे झपट लेते हैं।

गिरवन में टूरिस्टों के निवास के लिए सासन गांव के साथ रेस्ट हाउस बने हुए हैं। हम लोग सासन के रेस्ट हाउस में ठहरे हुए थे। रात का खाना खाने के बाद बरामदे में बैठे थे। सुबह तड़के ही हमें जंगल निकल जाना था। फ़ोटोग्राफ़ी के लिए अपने कैमरों और लेन्सों को साफ़ कर रहे थे। रात का चौकीदार हमारे पास बैठा था।

एक मालधारी चौकीदार के पास आया। किसी ज़रूरी काम से वह दूर गांव से रात्रि में लम्बा सफ़र तय करके आ रहा था। उसके हाथ में ढाई मीटर लम्बी लाठी थी। इसी के भरोसे मालधारी जंगल में बेखटके घूम लेते हैं।

कृष्णपक्ष की कजियारी रातें थीं। ख़तरनाक सफ़र था। जंगल में कुछ दिखाई नहीं देता था। ऐसे समय कान अधिक चौकन्ने हो जाते हैं। जंगल में एक जगह मालधारी को भैंस के कराहने की आवाज़ सुनाई दी। उसके साथ सिंहों के गरजने की आवाज़ें उठती थीं, जो स्तब्ध जंगल को गुंजा रही थीं।

हमने मालधारी से घटना का विस्तार से विवरण पूछा। हमें यह तो निश्चय था कि हम सिंहों के मुंह से भैंस को छुड़ाकर उसे नया जीवन तो नहीं दे सकेंगे, परन्तु सब मिलाकर हमें मामला दिलचस्प लगा। जंगल में वनराज की आदतों का अध्ययन करने का यह अच्छा मौक़ा था। इसलिए हम तुरन्त उधर चल दिए।

हमने जीणा भाई को साथ ले लिया। वह इन्हीं जंगलों में जन्मा-पला मालधारी है और जंगल की हर पगडण्डी से वाकिफ़ है।

शीरवण गांव से दो किलोमीटर पहले जंगलात की एक चौकी आई। वहां नज़र मुहम्मद रहता है। गिरवन के चौदह शिकारियों का यह मुखिया है। रात के नौ बज चुके थे। नज़र भाई सो चुका था। हमने उसे उठाया और साथ ले लिया। कुछ ही मिनटों में हम उस जगह पहुंच गए जहां मालधारी ने सिंहों की आवाज़ सुनी थी। जंगल के सन्नाटे में अब भी सिंहों के घुड़कने की आवाज़ें आ रही थीं। शिकार को खाते समय जब दो सिंहों के मुख आपस में टकराने लगते हैं तो घुड़ककर एक-दूसरे को भगाने की कोशिश करते हैं।

आवाज़ों का पीछा करते हुए हम आगे बढ़ रहे थे। सड़क के दाहिने हाथ एक खुला मैदान आया जहां हिंगोट के इक्का-दुक्का पेड़ खड़े थे। यहीं पर सिंह दावत खाने में लगे थे। ड्राइवर ने इसी तरफ़ जीप मोड़ ली। जीप के हेडलाइट

में हमें एक सिंह की आंखें चमकती हुई दिखाई दीं। यह भाणा सिंह था और बारह सिंहों के लेहड़े का मुखिया था। इसके साथी दावत उड़ा रहे थे और यह इतमीनान से अलग बैठा था। हालांकि यह सबसे बड़ा था, और शिकार भी इसी ने गिराया

था, लेकिन अपना बड़प्पन इसी में समझता था कि परिवार के सभी सदस्य पहले पेट भर लें।

हमने जीप रोक ली। सिंहों ने शिकार को छोड़ा और इधर-उधर बैठ गए। भाणा अपनी जगह से उठा और जीप की तेज़ रोशनी में आंखों की पुतली को सिकोड़ता हुआ जीप की अगली सीट के पास आ गया, वहां हम बैठे थे। वह हमारे से एक हाथ दूर रह गया होगा। मुंह ऊपर उठाकर उत्सुकता से वह हमारी तरफ़ देखने लगा। मानो हमारी अगवानी के लिए आया था और हमें नीचे उतरने का बुलावा दे रहा था। नज़र भाई पिछली सीट से नीचे कूदा। उसे देखकर भाणा भाग गया।

तीन क़दम दूर भैंस पड़ी थी। नज़र भाई ने उसे पैर की ठोकर से हिलाया। वह कातर स्वर में बोलने लगी। ताज्जुब था कि वह अब भी ज़िन्दा थी। खाने की जल्दी में सिंहों ने उसकी पेट की खाल फाड़ डाली थी। हमने जीप को घुमाकर

भैंस के समानान्तर खड़ा कर दिया। हेडलाइट में भाणा, दीप्ति, माणक, अलका और मीरा सभी शिकार को खाने लगे। यह अलका का परिवार था। कुछ देर में गंगा अपने तीन बच्चों को लेकर आ गई। वह ज़रा दूर सड़क पर बैठ गई।

नज़र भाई की दृष्टि अंधेरे में चीज़ों को देखने की आदी हो गई थी। उसे दिखाई दे रहा था कि गंगा के बच्चे उसके थनों में मुंह मार रहे हैं। हमें दिखाने के लिए उसने टौर्च की रोशनी गंगा पर फेंकी।

जब बड़ा शिकार मिलता है तो लेहड़े के दूसरे सदस्यों को सपरिवार दावत में शरीक होने का न्योता दिया जाता है। भाणा ने शुरू में ही ऊंचे स्वर में गरजकर न्यौता दे दिया था। गंगा कहीं दूर थी। उसे यहां पहुंचने में कुछ समय लग गया था।

गंगा के साथ बाड़ी को भी दावत का बुलावा मि़ल गया था। वह दूसरे वनखण्ड में शिकार तलाश कर रही थी। कुछ देर बाद हमें बाड़ी के बच्चों की आवाज़ सुनाई दी। वह भी अपने तीन बच्चों के साथ पहुंच गई। दोनों सिंहनियां अलका के परिवार को गोश्त खाते देखती रहीं। हमें सिंह शावकों को देखने में मज़ा आ रहा था। ये बड़े चंचल और नटखट थे। बाड़ी के दो बच्चे खेलते हुए गंगा के बच्चों में मिल गये। गंगा के ऊपर अब पांच बच्चे खेल रहे थे।

अलका के परिवार ने काफ़ी गोश्त खा लिया था। अब गंगा और बाड़ी भी दावत में शामिल हो गईं। शिकार को अब आठ सिंह एक साथ खा रहे थे।

हम लोग उस बचाव पार्टी के साथ आए थे जो सिंहों की गतिविधियों पर दिन-रात निगरानी रखती है। वह मालधारी के नुकसान का भी ख़याल करती है। बचाव पार्टी मालधारी के माल को बचाने की भरसक कोशिश करती है। इस उदाहरण में भैंस को बचाना सम्भव नहीं था। हम लोग लौट गए।

इकसठ

तेंदुए ने अपनी खाल उतार फेंकी

मोर हमारा राष्ट्रीय पक्षी है। हिन्दू लोग इसे पवित्र मानते हैं, इसलिए इसे नहीं मारते। 1962 में भारत सरकार ने वन्य जीवों के संरक्षण के लिए क़ानून बनाया था। उसके अनुसार मोर को मारना मना है। मोर के ख़ूबसूरत परों के गुलदस्ते, पंखे और अनेक प्रकार की सजावटी चीज़ें बनती हैं। अमेरिका, फ्रांस, जर्मनी, जापान, आदि देशों में मोर-पंखों की बहुत मांग है। विदेशों में मोर-पंख निर्यात करने वाले व्यापारियों की अच्छी आमदनी हो जाती है। कुछ शिकारी पंखों के लालच में और मांस के लिए मोर को चोरी-छुपे मार लेते हैं।

गीदड़ और कुत्ते मोरनी के अण्डों को खा जाते हैं। मोर के बच्चों को चील झपट्टा मारकर उठा ले जाती है। बन्दर और कुत्ते मिलकर मोर को फाड़ डालते हैं। कई बार बन्दर के हाथ मोर की पूंछ के पंख टूटकर रह जाते हैं, और मोर उड़ जाता है। अण्डे सेती हुई मोरनी को कभी-कभी जंगली बिलाव मार डालते हैं। दाव लगने पर शेर और तेंदुए जैसे ताक़तवर जानवर भी इस अदने से पंछी को नहीं छोड़ते। मोर की सुनने की शक्ति ख़ूब विकसित होती है। देखने की शक्ति बढ़िया होती है। क़ुदरत की इन दो देनों के कारण यह अपने दुश्मनों से कम ही पकड़ा जाता है।

आदिवासी कबीलों के लोग बड़ी चतुराई से मोर का शिकार करते हैं। एक जर्मन फ़ोटोग्राफ़र जंगली जीवों के फ़ोटो खींचने भारत आया। उसका नाम स्कौट था। उसने पहले-पहल मध्य प्रदेश के जंगलों में मोर देखा। उसके सौन्दर्य पर वह मुग्ध हो गया। उसे यह क़ुदरत के अजायब घर में जगमगाते हीरे-जवाहरातों से जड़ा करिश्मा लगा। उसकी रंगीन फ़ोटो खींचने के लोभ में वह झाड़ियों और पेड़ों की ओट लेता हुआ धीरे-धीरे उसके पास खिसकता गया। काफ़ी नज़दीक पहुंच जाने पर उसने देखा कि मोर एक टक किसी चीज़ को घूर रहा है। सुन्दर पक्षी किसी जादूगर के चंगुल में फंस गया था। जादूगर ने उसे सम्मोहित कर लिया था।

सामने की घास में जहां टकटकी बांधे मोर खड़ा था वहां स्कौट ने अपनी

निगाह दौड़ाई और कुछ खोजने की कोशिश की। घुटने तक ऊंची घास में एक तेंदुआ लेटा था वह पूरा जवान प्राणी था।

स्कौट अच्छा शिकारी भी था। उसने सोचा तेंदुए के शिकार की ख़ातिर अच्छे-अच्छे शिकारी जंगलों की ख़ाक छानते फ़िरते हैं और, यह खुद मेरे सामने आ गया। मेरी तो तक़दीर जाग गई। स्कौट ने कैमरा तो नीचे रख दिया और कन्धे से राइफ़ल उतार ली। निशाना साधा ही था कि लेटा हुआ तेंदुआ झट उठ पड़ा। उसने अपनी खाल उतार फेंकी। वह ज़ोर से चिल्लाया–'बन्दूक मत चलाओ, साहब।'

फड़फड़ाता मोर दूसरी तरफ़ उड़ गया। डरा हुआ तेंदुआ एक आदिवासी बहेला था जो तेंदुए की खाल ओढ़कर मोर और दूसरे पक्षियों को पकड़ने जंगल में जाया करता था। इस घटना से यह स्पष्ट था कि अपने अधिक नज़दीक तेंदुए को देखकर मोर सम्मोहित-सा हो जाता है और जान बचाने के लिए उड़ भी नहीं पाता। वह उसे अपलक घूरता रह जाता है और तेंदुआ उसे दबोच लेता है। मोर की इस निर्बलता को जानकर आदिवासी तेंदुए के भेष में उसके नज़दीक पहुंच जाते हैं। जाल फेंककर उसे पकड़ लेते हैं या बरछी से मार डालते हैं। पक्षियों को पालने के शौक़ीन ज़िन्दा मोर को ख़रीद लेते हैं। मरे हुए मोर का मांस खा लिया जाता है। उसके पंख बिक जाते हैं।

बासठ

फनियर के पेट में खद्दर

हरिद्वार की गुरुकुल कांगड़ी फ़ार्मेसी में एक कमरे के अन्दर च्यवनप्रास से भरे मटके रखे रहते थे। बहुत दिनों से यह कमरा बन्द पड़ा था। एक दिन च्यवनप्राश निकालने के लिए उसे खोला तो एक मटके के पीछे फनियर बैठा मिला। दोपहर बाद तीन बजे का समय था। सावन का महीना था। सांप ख़ूब क्रियाशील थे; उन्हें भरपेट बरसाती जीव ख़ाने को मिल रहे थे।

इस फनियर का फूला हुआ पेट बता रहा था कि इसने ख़ूब ठूंसकर खाया है। इसे पकड़ने में मुझे विशेष कठिनाई नहीं हुई। इसने न तो विरोध किया और न गुस्सा दिखाया।

पेट भारी होने से इसकी गतियां सीमित हो गई थीं। गरदन से पकड़कर मैंने इसे पिंजरे में डाल दिया। कुछ ही देर बाद इसने उलटी कर दी जिसमें छुछुन्दर का साढ़े बारह सेण्टीमीटर का एक बच्चा बाहर आ गया। उसके अनपचे शरीर को देखकर मेरा अनुमान था कि फनियर ने घण्टे भर पहले यह खाया होगा। उलटी करने के बाद भी उसका पेट ख़ूब भरा हुआ था। वह बार-बार उलटी करने की चेष्टा कर रहा था जिससे अन्दर के पदार्थ निकल जाएं और हलका हो जाए। तब भागना सुगम था।

आमाशय की सर्पण गतियां ऊपर की तरफ़ ज़ारी थीं। उलटी करने से रोकने के लिए मैंने गरदन से पकड़कर उसे उठा लिया और उंगलियों से उसके पेट को ऊपर से नीचे की तरफ़ बार-बार सूंघा। मेरी कोशिश थी कि आहार आमाशय में ही रहे।

उस दिन मुझे इसमें सफलता मिल गई। चौथे दिन मैंने पिंजरे के फ़र्श पर लम्बे-लम्बे बेलनाकार पिण्ड पड़े देखे। बाहर निकालकर जांच करने पर उनमें से एक खद्दर का कपड़ा पाया और दूसरा रूई का समूह। नापने पर खद्दर का कपड़ा लम्बाई में 42.5 सेण्टीमीटर और चौड़ाई में पैंतीस सेण्टीमीटर निकला।

सवाल पैदा होता है कि ये अजीब-सी चीज़ें फनियर के पेट में कैसे गईं? क्या

वह ऐसी चीज़ों को भी आहार के रूप में खाता है।

फ़ार्मेसी में वह खद्दर दवाएं छानने के काम आता था। आसन्नप्रसवा छुछुन्दरी उसे कार्यशाला से उठाकर च्यवनप्राश के स्टोर रूम में ले गई। यहां एकान्त में उसने खद्दर को अपने घोंसले के लिए इस्तेमाल कर लिया। गुदगुदा बनाने के लिए उसके बीच में नरम रूई का गद्दा बिछा दिया। इसके ऊपर उसने अपने लाल-लाल कोमल बच्चों को जना।

अगले दिन बच्चों को छोड़कर छुछुन्दरी आहार की तलाश में कमरे से बाहर गई। यह फनियर भी उधर आहार की खोज में चक्कर लगा रहा था। वह छुछुन्दरी के पीछे भागा। जान बचाने के लिए भागती हुई वह नाली में से कमरे में घुस गई। उसके पीछे फनियर कमरे के अन्दर चला गया। कोमल बच्चों को देखकर वह उन्हें खाने लगा। खाते समय उसके मुड़े हुए नोकीले दांत खद्दर में फंस गए। लाचारी में खद्दर और उसके साथ लगी हुई रूई उसे निगलनी पड़ गई। ये दोनों असाधारण चीज़ें मैंने मुम्बई की नेचुरल हिस्ट्री के म्यूज़ियम में भेजं दी थीं।

तिरसठ

गेंडी के दूध की चाय

गेण्डी चार साल में एक बार बच्चा देती है। सत्रह-अठारह महीने तक बच्चा मां के गर्भ में रहता है। साल के किसी भी समय बच्चा पैदा हो जाता है। एक बारी में एक ही बच्चा होता है। जन्म के समय बच्चा एक सौ साठ किलोग्राम का होता है। इसकी तुलना में इन्सान के बच्चे को देखिए। वह तीन-चार किलोग्राम का ही होता है।

मौक़ा पड़े तो शेर छोटे बच्चे को मार लेता है। इसलिए मां उसकी बड़ी सावधानी से हिफ़ाजत करती है। उसे अपनी दृष्टि से ओझल नहीं होने देती। बच्चा चार साल तक मां का दूध पीता है। इसलिए तब तक उसे मां-बाप का संरक्षण मिलता रहता है।

उगाण्डा नेशनल पार्क में एक बार सफ़ेद गेंडे पकड़े जा रहे थे। पकड़ने वाला दल ट्रकों में सवार था। उन्होंने मां के साथ एक बच्चे को देखा। बच्चा काफ़ी बड़ा था। मां-बेटा एक कजली के पेड़ के नीचे आराम कर रहे थे। उनसे ट्रक पांच सौ मीटर दूर था। पकड़ने वालों ने तो उन्हें देख लिया परन्तु मां-बेटे ने उन्हें नहीं देखा। उन्होंने तेज़ी से उधर ट्रक दौड़ाये। डेढ़ सौ मीटर का फ़ासला रह जाने पर गेंडों ने भागना शुरू किया। ट्रकों पर बैठे फन्दियों ने पीछा किया। कुछ देर की मेहनत के बाद उन्होंने बच्चे को रस्से के फन्दे में फंसा लिया। उसकी मां भाग गई।

अगले रोज़ फन्दी मां को तलाश करने निकले। उसी वनखण्ड में मां मिल गई। उसके पीछे ट्रक दौड़ाए। एक अच्छी रेस के बाद फन्दी उसके पास पहुंच गए। फन्दियों ने कई बार फन्दे फेंके। एक बार जब फन्दा उसके गले में पड़ गया तब उसने ज़बर्दस्त विरोध किया। उसने ट्रक में कई टक्करें मारीं।

फन्दी अपने फन में होशियार थे। उन्होंने उछलती हुई मां को क़ाबू कर लिया। उसकी टांगों में और गरदन में रस्से बांधकर देह को जकड़ दिया। [illegible]ारी जानवर को उठाकर ट्रक में लादने के लिए बहुत-से आदमियों की ज़रूरत [illegible]हां आदमी

थोड़े थे। इसलिए गेंडी के पास एक ढालदार गड्ढा खोदने की योजना बनाई गई। इसके अन्दर ट्रक को पिछले ओर से उतारने से ट्रक ज़मीन की सतह पर आ जाता है। इससे जानवर को ट्रक में लादना आसान हो जाता है।

ज़मीन सूखी और कड़ी थी। उसे खोदने में कुछ मज़दूर लग गए। दूसरी ओर चाय का पानी उबलने रख दिया गया। पानी तैयार हो जाने पर पता चला कि दूध का डिब्बा लाना तो रसोइया भूल ही गया है। दल के एक नटखट सदस्य

ने अपनी सूझबूझ से इसका हल निकाल लिया। उसने सुझाव दिया कि क्यों न बच्चे वाली गेंडी के दूध से चाय बना ली जाए !

उसने उसके थनों को सहलाना शुरू किया। मां से बिछुड़े हुए बच्चे को क़रीब छत्तीस घण्टे गुज़र चुके थे। उसके पयोधरों में दूध भरा हुआ था। उसने चाय बनाने लायक़ दूध दुह लिया। यह क्रीम जैसा गाढ़ा था। चाय के पानी में मिलाकर वे पी गए। गेंडी के दूध का स्वाद लेने वाले ये पहले इन्सान थे।

मां और बेटे को मुख्य शिविर में ले जाया गया। वहां पेड़ों के तने गाड़कर एक बड़ा घेरा बना रखा था। इसमें उन्हें खुला छोड़ दिया गया। इसके अन्दर ढेर सारी ताज़ी टहनियां और पानी डाल दिया गया। यह इसलिए किया गया कि गेंडे अपने को अब भी छोटे जंगल में चरता हुआ महसूस करें।

शिविर के पहरेदारों ने रात को एक जंगली गेंडे को उस घेरे के बग़ल में चक्कर लगाते हुए देखा। वह उनकी गन्ध पाकर आ गया था। मुमकिन है कि वह बच्चे का पिता था और मुसीबत में फंसे अपने छोटे-से परिवार को छुड़ाने के उद्देश्य से आया था।

चौंसठ

भगोड़ी सुन्दरमाला

जंगलात के महकमे में एक सुन्दर हथिनी पाली हुई थी। उसका नाम सुन्दरमाला था। वह थी तो सुलखनी, लेकिन उसमें एक ऐब था। वह अक्सर जंगल में भाग जाया करती थी। उसकी यह आदत बन गई थी। उसके भाग्य में आज़ादी की ज़िन्दगी गुज़ारना नहीं लिखा था, इसलिए जंगल से उसे फिर पकड़ लिया जाता था। जब वह पकड़ में आती थी तब उसके साथ छोटे बच्चे मिला करते थे जो जंगली हाथियों की सन्तानें होती थीं। जंगल से हाथी की पुकार सुनकर वह अपने को रोक नहीं सकती थी और मौक़ा पाते ही उनके साथ भाग जाती थी।

तीसरी बार भागने के कारणों की जांच करने से पता चला कि उसके पैरों की जंजीर में कुछ ख़राबी थी। उसके महावत को इस ख़राबी का पता तो चल गया था, पर वह इस बात की सूचना रेंज अफ़सर को देना भूल गया था। आमतौर पर अन्तिम कड़ियों में पेच के पास ढिबरी को कसकर जंजीर बांधी जाती थी। पेच की चूड़ियां घिस गई थीं, जिससे ढिबरी नहीं कसी जा सकती थी। इसकी जगह महावत जूट की रस्सी के एक टुकड़े को अन्तिम कड़ियों में पिरोकर काम चलाने लगा था। एक दिन गांठ खुल गयी और सुन्दरमाला भाग गई।

डिब्रूगढ़ आरक्षित वन में उसकी तलाश की गई। वह मिली नहीं। बेंत के उस रक्षित वन में बहुत-से जंगली हाथी रहते थे। ज़मीन उनके पैरों के निशानों से पटी रहती थी। इतने अधिक निशानों में से सुन्दरमाला के पैरों के निशानों को पहिचानकर उसे खोज निकालना संभव नहीं था। यह घटना 1938 की है।

1947 में जंगली हाथियों को पकड़ने का काम चल रहा था। कुनकियों की पीठ पर बैठकर फन्दी उन्हें फन्दे में फंसा रहे थे। सधाए हुए जिन पालतू हाथियों की मदद से जंगली हाथी पकड़े जाते हैं उन्हें कुनकी कहते हैं। रस्सों के फन्दों की सहायता से जंगली हाथियों को पकड़ने के इस तरीक़े को मेला शिकार कहते हैं। मेला शिकार में बच्चे वाली हथिनी को धुई कहते हैं। इस धुई का एक बच्चा इतना छोटा था कि वह अधिकतर अपनी मां के दूध पर निर्भर करता था। वह घास में

मुंह मारना सीख रहा था। धुई कुनकियों से बिलकुल नहीं डरी। कुनकियों के बीच घिर जाने पर जंगली हाथी शोर मचाते हैं और गुस्से में हमला करते हैं। यह धुई चुपचाप खड़ी रही और कुनकियों को देखती रही।

कुनकियों पर सवार महावतों को धुई के इस रवैये पर ताज्जुब हुआ। एक पुराने अनुभवी महावत को अचानक ख़याल आया कि कहीं यह भगोड़ी तो नहीं है? जो पालतू हाथी चोरी से जंगल में भाग जाया करते हैं उन्हें भगोड़ा कहते हैं और ऐसी हथिनी को भगोड़ी। महावत ने ऊंची और दृढ़ आवाज़ में चिल्लाकर उसे हुक्म दिया बैठ! बैठ!

वह सचमुच बैठ गई। पीलख़ाने के लोग जानते हैं कि भगोड़े हाथी भी बैठ जाने के आदेश को कभी नहीं भूलते। एक फन्दी झट कुनकी के ऊपर से कूदा और धुई की तरफ दौड़ा उसने धुई का कान पकड़ लिया और उछलकर उसकी गरदन पर जा बैठा। उसका बड़ा बच्चा जंगल में भाग गया। धुई को हांककर जब डिपो वापिस ले जाया जा रहा था तब छोटा बच्चा अपने आप साथ चलता गया।

इतनी आसानी से फिर पकड़े जाने की बात पर डिपो में ख़ूब हंसी-मज़ाक हुई और सभी लोग ख़ुश हो गए। उसके आत्मसमर्पण को कुछ महावत निरी मूर्खता और कायरता बता रहे थे। कुछ लोग फन्दी के साहस की तारीफ़ कर रहे थे।

इस ख़बर को सुनकर वन के अधिकारी भगोड़ी हथिनी की तरफ दौड़े। हर पालतू हाथी का नाम, उम्र पहिचान और संक्षिप्त जीवन-वृत्तान्त एक रजिस्टर में लिखा जाता है। पहिचान-सूचक निशानों से पता चला कि यह धुई उन्हीं की पालतू हथिनी सुन्दरमाला थी। ख़ुशी की बात यह थी कि उसका रजिस्टर अब तक सुरक्षित था जिसमें रिकॉर्ड किए गए निशानों से इसके निशानों की तस्दीक कर ली गई थी। इस चौदह बरस के वनवास के बाद सुन्दरमाला फिर अपने पुराने घर में आ गई।

उसका नन्हा शिशु बड़ा प्यारा था। उसके बदन पर रुपहले बाल उगे हुए थे, इसलिए उसका नाम रूपहि रखा गया। 1951 में उस समय के प्रधानमंत्री

पण्डित नेहरू की ओर से उपहार के रूप में उसे जापान भेज दिया गया। यात्रा के पहले दौर में उसे रेलगाड़ी द्वारा कोलकाता भेजा गया। विदाई के समय सुन्दरमाला और उसका लाडला बेटा दोनों बहुत शोक-विह्वल थे। अपने बच्चे को ट्रक में चढ़ाने का दुखद काम मां को ख़ुद करना पड़ा था। विदाई का दृश्य अत्यन्त कारुणिक था। मां से मिलने के लिए रूपहि मचल उठता था, चीख़-पुकार करता था। मां की आंखों से आंसू बह रहे थे।

पैंसठ

आज़ादी के लिए छटपटाता गेंडा

दिल्ली की जन्तु-वाटिका में मोहन नाम का एक गेंडा था। वह बूढ़ा हो गया था। उसकी दृष्टि कमज़ोर होती जा रही थी। इन कमियों के कारण भी उसकी भयंकरता में कमी नहीं आई थी। उसके पास जाना ख़तरे से ख़ाली नहीं था। जन्तु-वाटिका में कई क़िस्म के शाकाहारी जन्तु रहते हैं। उनके बाड़े में पालक और मेहतर बेखटके घुस जाते हैं। वे इन लोगों को पहिचानते हैं। इनके साथ दोस्ती से पेश आते हैं। मोहन भी अपने पालक को पहिचानता था। खाने के समय वह पालक के आदेशों को उसी तरह मानता था जिस तरह खुरली पर बंधी हुई भैंस अपने मालिक की बात मानती है। बाड़े के एक तरफ़ पत्थरों से चिनी हुई दीवार थी। इसके ऊपर रेलिंग लगी हुई थी। दीवार के बाहर बैठकर पालक गेंडे के लिए सानी बनाया करता था। तसले में सानी को गूंधकर पाव-पाव भर के लड्डू बना लेता था। दीवार की ओट होने से मोहन उसे देख तो सकता नहीं था, तसले की आवाज़ सुनकर वहां पहुंच जाता था। रेलिंग के बीच में अपना सिर डालकर वह सानी की प्रतीक्षा करता था। पालक उसके ऊपर के ओंठ पर हाथ मारकर सिर ऊपर उठाने को कहता था। वह मुंह बा देता था। एक-एक करके लड्डू खा जाता था।

अट्ठाईस फ़रवरी, 1961 को मैं उसके फ़ोटो ले रहा था। उस समय वह बाड़े के बीच में खड़ा टहनियां खा रहा था। मैं बाड़े की दीवार पर खड़ा था। उसने मेरी गन्ध पकड़ ली। गेंडों में देखने की शक्ति उतनी तेज़ नहीं होती जितनी सुनने और सूंघने की होती है। खाना छोड़कर मोहन मुझे मारने आया। मैं नीचे कूद गया। वह उस जगह आया जहां मैं खड़ा था। कुछ देर सूंघता हुआ-सा खड़ा रहा। उसे पता चला कि मैं वहां नहीं हूं। वह लौट गया और खाने में लग गया।

शोर को मोहन पसन्द नहीं करता था। एक बार उसके बाड़े के साथ ही ऊदबिलावों का बाड़ा बनाया जा रहा था। ट्रकों द्वारा सामान की ढुलाई हो रही थी। गरमियों के दिन थे। मोहन पानी में लेटा रहता था। ट्रक की आवाज़ सुनकर वह बाहर निकल आता था और ट्रक की दिशा में भागता था। ट्रक में से रोड़ी के गिरने की

आवाज़ तो उसे बिलकुल ही बर्दाश्त नहीं होती थी। वह सिर उठा लेता था, नथुने फुला लेता था, हवा को सूंघता था, शब्दों को सुनता था। इन बातों से ख़तरे का अन्दाज़ करता था।

बाड़े में से वह बाहर निकल नहीं सकता था, क्योंकि एक तरफ़ गहरी खाई थी, एक तरफ़ दीवार थी और दो तरफ़ मज़बूत बाढ़ थी। गुस्से में वह बाड़े के अन्दर ही भागता था। एक सिरे से दूसरे सिरे तक चक्कर लगाता था। बाड़े के अन्दर विलायती कीकर के नाटे पेड़ और झाड़ियां उगी थीं। भगदड़ में वह उनसे टकरा जाता था जिससे उसकी थूंथनी और देह पर छोटे-मोटे घाव बन गए थे। दौड़ते-दौड़ते वह हांफ गया था। उसके नथुनों से तेज़ निःश्वास निकल रहे थे।

वह भयंकर जन्तु लगता था। जब तक रोड़ी गिरने की आवाज़ उठती रहती थी वह बुरी तरह बेचैन रहता था। ट्रक लौट जाने पर वह फिर खाई के पानी में घुस जाता था। लाऊड स्पीकर की आवाज़ से भी वह इसी तरह भड़क उठता था। 1965 में मोहन के बाड़े के पास बच्चों के चिड़ियाघर का उद्घाटन हो रहा था। लाऊड स्पीकर पर गाने बजने शुरू हुए तो वह बेहद बिगड़ गया था। लन्दन की जन्तु-वाटिका में किए गए परीक्षणों से पता चला था कि गेंडा किसी भी प्रकार के संगीत को पसन्द नहीं करता।

1961 की बरसात में भारी वर्षा हुई थी। दो अगस्त को सारी जन्तु-वाटिका में इतना पानी जमा हो गया था कि एक बड़ी झील बन गई थी। मोहन को अपने जंगल के दिन याद आ गए। वह उन आज़ादी के दिनों में ऐसी उथली झीलों में मस्त लेटा करता था। धीरे-धीरे आगे बढ़ता हुआ वह पानी से लबालब भरी खाई के बाहरी किनारे तक पहुंच गया। सुबह चार बजे वाटिका के गश्ती कर्मचारियों

ने उसे देखा। उसके पालक ने उसे बार-बार पीछे लौटने को कहा। वह न माना। जन्तु-वाटिका के बीसियों कर्मचारी वहां जमा हो गए। उन्होंने उसे ख़ूब पत्थर मारे। एक घण्टे तक वे उसके पीछे पड़े रहे। बड़ी मुश्किल से उसे बाड़े के अन्दर वापिस भेजा गया। उसकी आज़ादी हासिल करने की तमन्ना उसके मन में ही रह गई।

छियासठ

दुलारों की मीठी नींद

हरिद्वार से गंगा पार करें तो जंगली हाथियों का इलाक़ा शुरू हो जाता है। जंगल की सड़क से रामनगर जाते समय अक्सर हाथियों के दर्शन हो जाते हैं। रामनगर के पास कौर्बेट नेशनल पार्क है। इसमें क़रीब 130 जंगली हाथी और 100 शेर रहते थे।

एक बार हाथियों की तलाश में हम लोग रेस्ट हाउस से पन्द्रह किलोमीटर दूर रामगंगा के पार गोजड़ में चले गए। पहले दिन वनचरों ने वहां हाथी देखे थे।

हाथी पानी में ज़रूर लोट लगाया करते हैं। इसलिए हम सोतों पर हाथियों के ताज़ा पद-चिह्नों को तलाश करते जा रहे थे। एक जगह हमें हाथियों द्वारा ताज़ा तोड़ी हुई टहनियां मिलीं। हाथियों के मुंह से गिरी हुई घास भी दिखाई दी। जगह-जगह

हाथियों की लीद पड़ी थी। बूट की ठोकर से लीद को तोड़ा और हाथ से छूकर महसूस किया। लीद गरम थी। इन बातों से यह तो निश्चित हो गया कि हाथियों का झुण्ड कहीं पास ही है। लीद में छोटे और बड़े आकार के सभी तरह के गोले

बिखरे पड़े थे। इससे यह भी पता चला कि झुण्ड में छोटे बच्चों वाली धुई भी हैं। जिन हथिनियों के साथ दूध पीते बच्चे हो उन्हें धुई कहते हैं।

हाथियों के चिह्नों का पीछा करते हुए हम एक पहाड़ी पर चढ़ गए। उसके दूसरी तरफ़ सकरी घाटी में जामुनों का एक झुरमुट था। उसकी छाया में हाथी खड़े थे।

उन्हें देखकर हमारी थकान उतर गई। हमारे चेहरों पर ख़ुशी छा गई। हवा का रुख़ देखते हुए हम पूरबी ढलान पर धीरे-धीरे नीचे उतरे। अब हम झुण्ड के हर हाथी को देख सकते थे। बैठकर मैंने अपनी नोट-बुक में आंखों देखा हाल लिखना शुरू किया। नरेश बेदी फ़ोटो खींचने में लग गए।

हाथी की देह विशाल होती है। उसे तन्दुरुस्त रखने के लिए वह बड़ी मात्रा में खाता है। हाथियों के इस झुण्ड ने सुबह तड़के ही चरना शुरू किया था। धूप में ज़रा गरमी आ जाने पर यहां एकान्त में ठण्डी छाया में सोने आ गए थे। इस झुण्ड में मैंने तीस हाथी गिने थे। इन सबकी समाई एक जगह नहीं हो रही थी। वे छोटी टोलियों में बटकर अलग-अलग झुरमुटों में सोने चले गए थे।

समान उम्र के छोटे बच्चों की एक टोली थी और बड़ों की एक टोली। मेरे सामने जो टोली खड़ी थी उसमें सभी धुई थीं। सब मिलाकर सात धुई थीं जिन्होंने पहली बार या दूसरी बार बच्चों को जन्म दिया था। दो बच्चे बिल्कुल छोटे थे। वे दो-तीन महीने पहले पैदा हुए होंगे। धुइयों की उम्र छोटी थी। उनके साथ दो

विशालकाय अनुभवी हथिनियां थीं जो उनकी चौकसी के लिए दाएं-बाएं खड़ी थीं।

सभी धुई खड़ी थीं। उन्होंने अपने बच्चों को टांगों के बीच में सुला रखा था। बच्चे ऐसे बेफ़िक्र लेटे थे जैसे मां की गोद में नन्हा शिशु लेटता है। कुछ धुइयों ने पूरब की तरफ़ मुंह कर रखा था और कुछ ने पश्चिम की तरफ़। ऐसे वे किसी

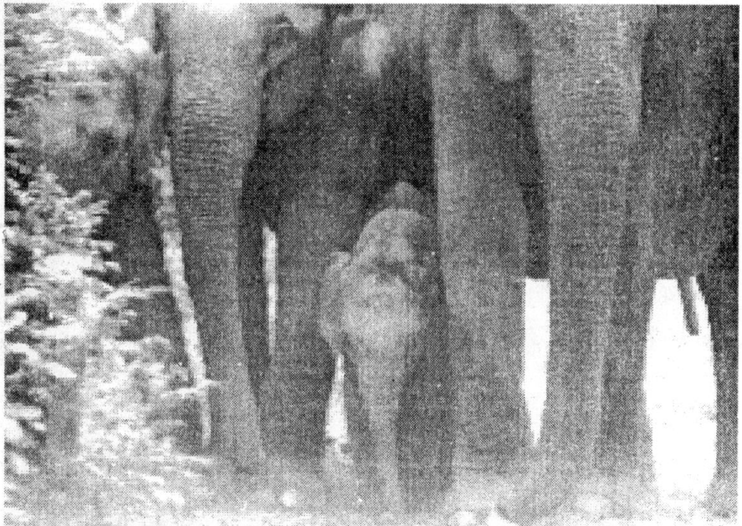

भी दिशा से आने वाले दुश्मन को देख सकती थीं। बच्चों को सुलाकर माताएं भी खड़ी-खड़ी सो गईं। उनकी आंखें बन्द थीं। सूंड को उन्होंने सामने धरती पर टिका दिया था। उनकी टांगें और सूंड जामुन के तनों के समान स्थिर हो गई थीं।

उनकी मीठी नींद में डांस मक्खियां ख़लल डाल रही थीं। उन्हें उड़ाने के लिए वे अपने छाज जैसे बड़े कानों को फड़फड़ा देती थीं। शरीर पर बैठी मक्खियों को मिट्टी फेंककर उड़ा देती थीं। अगले पैर की ठोकर से वे मिट्टी खोदती थीं। सूंड के सिरे को ज़रा नीचे वे मोड़ती थीं। इसके अन्दर पैर से मिट्टी डालती थीं। फिर सूंड को ऊपर उठाकर पीठ पर और बाज़ुओं पर मिट्टी फेंक देती थीं। पैर फावड़े का काम कर रहा था और सूंड तसले का।

बच्चे माताओं के साथ इतने सटे हुए सो रहे थे कि उनके बीच मुश्किल से दो-चार अंगुल का फ़ासला होगा। मैंने देखा कि नींद में भी माताएं पैर उठाने और रखने में बड़ी सावधान थीं। मज़ाल है कि बच्चे के ऊपर किसी का पैर आ जाए।

यह एक दुर्लभ दृश्य था। किसी भाग्यवान् फ़ोटोग्राफ़र ने ही इसके फ़ोटो लिए होंगे। अपने दुलारों को माताएं कितनी ममता और तपस्या से पाल रही थीं, इसका यह आदर्श उदाहरण था। लगन और विवेकपूर्ण श्रम से ही हमें देखने और फ़ोटो खींचने का सुअवसर मिल पाया था। जंगली हाथियों के इतना नज़दीक जाने में ख़तरा तो था ही। हम लोगों ने बड़े इत्मीनान से इनके फ़ोटो खींचे। हम नौ बजे यहां पहुंचे थे। हमारी मौजूदगी में क़रीब बीस मिनट तक ये सोते रहे। हमारे आने से पहले ये पता नहीं कब से सो रहे थे। उत्तर की तरफ़ पहरे पर जो विशालकाय हथिनी खड़ी थी वह भी ज़मीन पर लेट गई।

हम लोगों से ज़रा दूर ढलान पर मेरा बन्दूकी बैठा था। उसने अपनी दुनाली में कारतूस भर रखे थे। जंगल में किसी भी क्षण हवा का रुख़ बदल जाता है। अचानक आने वाले किसी भी ख़तरे से निपटने के लिए बन्दूकी तैयार था। कौन जानता था कि इधर-उधर बिखरे हुए हाथियों में से कोई हमारे पीछे से नीचे उतर आए। तब हाथियों के बीच में हम ऐसे घिर जाएंगे कि भागना मुश्किल हो जाएगा।

नौ बजकर बीस मिनट पर उत्तर-पश्चिम से एक दतैल घाटी में उतरा और हाथियों के साथ मिल गया। यह कहीं पीछे से आता तो हमारी ख़ैर नहीं थी। इसके

आने से झुण्ड में चहल-पहल शुरू हो गई। उत्तरी ढलान पर पसरी हुई शैलकाय हथिनी उठ खड़ी हुई। वह जब चलती थी तब लगता था कि छोटा-मोटा पहाड़ चल

रहा है। सोए हुए बच्चे भी उठ खड़े हुए। उत्तर-पश्चिम से तीन पट्ठे और आ गए। इनके बाहरी दांत छोटे थे। इनकी उभरती जवानी इन्हें चैन से बैठने नहीं देती थी। कभी वे एक-दूसरे को सूंड से जकड़ लेते थे, कभी एक-दूसरे को दांतों से परे धकलते थे। जब एक भागता तब दूसरा उसकी पूंछ को पकड़ लेता था। धकापेल में वे हमारे से कुल पचास क़दमों के फ़ासले पर आ गए। झुण्ड के दूसरे हाथी लगभग डेढ़ सौ क़दमों के फ़ासले पर होंगे।

झुण्ड के दक्षिण में पहरे पर खड़ी भीमकाय हथिनी टोली की लीडर थी। वह सचमुच बड़ी चौकस थी। उसने अपनी सूंड के सिरे को ऊपर उठाया। वह उसके सिरे को खोलती और बन्द करती हुई कुछ टटोल रही थी। हवा में बहती हुई तरह-तरह

की गन्धों को पकड़ने का यह तरीक़ा था। हाथी की सूंड नाक का काम करती है। इसकी सूंघने की शक्ति बहुत तेज़ होती है। इसके मुक़ाबले देखने और सुनने की शक्तियां क्षीण होती हैं। ढलान पर बैठे हुए हम लोग कानाफूसी करते थे, फ़ोटो खींचने की सुविधा के लिए ऊपर-नीचे जाते थे और ज़रूरत पड़ने पर हलका-सा खांस भी लेते थे। इतनी हरकत से और आवाज़ से शेर झट भाग जाता।

लीडर के साथ ही दूसरी हथिनियां भी सूंड को ऊपर उठाकर हवा को सूंघने लगीं। मुड़ी हुई सूंडें ऐसी लग रही थीं जैसे साधुओं के जुलूस में तुमुल घोष करने वाले नरसिंह उठा रखे हों। मैंने सोचा कि हाथियों को कहीं हमारी गन्ध तो नहीं

आ गई ?

पल भर में सब सामान्य हो गया। हवा शान्त थी। हाथियों को हमारी मौजूदगी का ज़रा भान हुआ था। उन्हें हमारी गन्ध नहीं मिली थी। वे अपने काम में लग गए। जो हाथी छोटी टोलियों में सोने के लिए अलग गए हुए थे वे अपने शयन-कक्षों से धीरे-धीरे लौटने लगे।

पांच मिनट में चार-पांच हथिनियां पश्चिमोत्तर दिशा से उतर आईं। साढ़े नौ बजे एक नन्हा बच्चा मां का दूध चूंघ रहा था। जामुन के कटे हुए ठूंठ पर एक हथिनी अगला पैर टिका कर खड़ी हो गई थी, मानो कि सरकस का कोई करतब कर रही थी।

पौने दस बजे बच्चे फिर माताओं की टांगों के अन्दर सो गए। पट्ठे उसी तरह धकापेल करते रहे। बड़े दतैल घाटी के दक्खिन में बढ़ने लगे। दस बजे तक झुण्ड के सभी हाथी शयन-कक्षों से लौट आए। कुल मिलाकर तीस हाथी थे जिनमें चार बड़े दतैल, तीन पट्ठे, सात धुइयां और कुछ बड़ी हथिनियां थीं।

सवा दस बजे पुरवा का एक हलका झोंका आया। पसीने से तर हमारे बदनों को ठण्डक देता हुआ हाथियों की तरफ निकल गया। इसके ज़रिए हमारी गन्ध हाथियों तक पहुंच गई। उन्होंने हमें देखा तो नहीं फिर भी उन्हें पता चल गया कि ढलान की तरफ़ आदमी हैं। सभी हाथी पश्चिम की सकरी घाटी में खिसक गए।